MODERN LANGUAGES STUDY GUIDES
LITERATURE STUDY GUIDE FOR AS/A-LEVEL FRENCH

Un sac de billes

Joseph Joffo

Karine Harrington

HODDER
EDUCATION
AN HACHETTE UK COMPANY

The Publishers would like to thank the following for permission to reproduce copyright material.

Illustrations

pp.19, 23, 25, 26, 35, 57, 60 texte de Kris, adapté du roman de Joseph Joffo, dessin de Vincent Bailly, extrait de l'album *Un Sac de billes* © Futuropolis 2017. This graphic novel is an adaptation based on the original work by Joseph Joffo, *Un Sac de billes* © JC Lattès, 1973

Photo credits

p.8 Mary Evans Picture Library; **p.11** Mary Evans Picture Library; **p.12** Phil Wahlbrink/ WahlbrinkPHOTO/Alamy; **p.13** Mary Evans/Süddeutsche Zeitung Photo; **p.43** Ralph Gatti/ Getty Images; **p.46** Granger, NYC/TopFoto; **p.69** dpa Picture-Alliance/Alamy

Every effort has been made to trace all copyright holders, but if any have been inadvertently overlooked, the Publishers will be pleased to make the necessary arrangements at the first opportunity.

Although every effort has been made to ensure that website addresses are correct at time of going to press, Hodder Education cannot be held responsible for the content of any website mentioned in this book. It is sometimes possible to find a relocated web page by typing in the address of the home page for a website in the URL window of your browser.

Hachette UK's policy is to use papers that are natural, renewable and recyclable products and made from wood grown in well-managed forests and other controlled sources. The logging and manufacturing processes are expected to conform to the environmental regulations of the country of origin.

Orders: please contact Hachette UK Distribution, Hely Hutchinson Centre, Milton Road, Didcot, Oxfordshire, OX11 7HH. Telephone: (44) 01235 827827. Email education@hachette.co.uk Lines are open from 9 a.m. to 5 p.m., Monday to Friday. You can also order through our website: www.hoddereducation.co.uk

ISBN: 978 1 4718 9187 8

© Karine Harrington 2017

First published in 2017 by

Hodder Education,

An Hachette UK Company

Carmelite House

50 Victoria Embankment

London EC4Y 0DZ

www.hoddereducation.co.uk

Impression number 10 9 8 7

Year   2022

Cover photo © Getty Images/iStockphoto/Thinkstock

Typeset in India

Printed in Dubai

A catalogue record for this title is available from the British Library.

Contents

This guide is designed to help you to develop your understanding and critical appreciation of the concepts and issues raised in *Un sac de billes*, as well as your language skills, fully preparing you for your Paper 2 exam. It will help you when you are studying the novel for the first time and also during your revision.

A mix of French and English is used throughout the guide to ensure you learn key vocabulary and structures that you will need for your essay, while also allowing you to develop a deep understanding of the work.

The following features have been used throughout this guide to help build your language skills and focus your understanding of the novel:

Activity

A mix of activities is found throughout the book to test your knowledge of the work and to develop your vocabulary and grammar. Longer writing tasks will help prepare you for your exam.

TASK

Short tasks are included throughout the book to test your knowledge of the novel. These require short written answers.

GRADE BOOSTER

These boxes advise you on what to do, as well as what not to do, to maximise your chance of success in the exam.

collaborer to collaborate (with the Germans)

Key vocabulary is highlighted and translated. Make sure you know these words so you can write an essay with accurate language and a wide range of vocabulary, which is essential to receive the top mark for AO3.

Build critical skills

These offer an opportunity to consider some more challenging questions. They are designed to encourage deeper thinking and analysis to take you beyond what happens in the novel to explore why the writer has used particular methods, and the effects they have on you. These analytical and critical skills are essential for success in AO4 in the exam.

Key quotations

These are highlighted as they may be useful supporting evidence in your essay.

Answers

Answers to every activity, task, and critical skills question can be found online at **www.hoddereducation.co.uk/mfl-study-guide-answers**.

'Ce livre n'est pas l'œuvre d'un historien' writes Joseph Joffo in the prologue to the novel. It is, in fact an autobiography, published in 1973, in which he recounts what happened to him between 1941 and 1944. Aged 10, Joseph set off with his brother Maurice (aged 12) on a long and eventful journey through France to escape Nazi persecution, hoping to reach 'La France libre'.

Joseph is Jewish and lives with his family in Paris, in the district of Porte de Clignancourt. His father, who is of Russian descent, is a self-made man who owns a men's hairdresser's.

One morning, before school, Joseph's mother sews a yellow star onto the boys' school jackets, but they do not really understand the meaning of this 'medal'. The yellow star triggers a reaction at school: the teacher ignores Joseph and the other children make racist remarks and gang up on him in the playground. Zérati, however, Joseph's school friend, is envious of the star and Joseph swaps it with him for a bag of marbles.

Soon after, the boys are told by their parents that they have to flee Paris to reach Menton, in the south of France, where the boys' two older brothers, Henri and Albert, are living and working. They will travel alone and are instructed to lie about their origins. Their parents will join them later.

At the station, with only a satchel of provisions and some money, they board the train to Dax. After a long journey, the train finally pulls in Dax station where the German soldiers board the train. The SS are trying to catch passengers who are attempting to escape. Fearful, the boys go and sit next to a priest and tell him they do not have identity cards. When the soldiers ask for their documents, the priest ensures their safety by saying that the boys are with him.

The boys now need to catch a bus to Hagetmau, a small village, where they will cross the border between occupied France and the free zone. In Hagetmau, Maurice becomes a *passeur* (helping other people *passer* over to the free zone) for a few hours and earns a lot of money. Their next destination is another small village, Aire-sur-l'Adour, where they will catch a train to Marseilles.

In Marseilles the boys decide to explore the town and treat themselves to a visit to the cinema. The time has finally arrived for the boys to catch their train to Menton but at the station they are nearly caught by two officers. Luckily, the boys manage to escape.

In Menton they are reunited with their brothers, Henri and Albert, who take them in. Joseph and Maurice decide to find jobs to help pay their way, Maurice in a bakery and Joseph helping out on a farm, which he loves. One day though Joseph finds out his parents have been arrested and have been sent to a transit camp with thousands of other Jewish people. Henri decides to go and rescue them.

About a week after Henri's departure, news arrives that their parents are safe and are now in Nice. Henri, Albert, Joseph and Maurice are to meet them soon. Unfortunately, one day two policemen come looking for Albert and Henri. They have been called up for their *Service de Travail Obligatoire* (STO) but they decide to escape to Nice.

The Gestapo and the SS arrive in Nice and Jews are being arrested and once again the family is separated. Joseph and Maurice go to *Moisson Nouvelle*, a pro-Vichy youth camp. One day, during a day out in Nice, Joseph and Maurice are arrested and are sent to the Hotel Excelsior, where the SS have established their headquarters. For a week they are held in the hotel and are repeatedly interrogated. Thanks to the help of a doctor the boys are saved. Joseph falls ill with early-stage meningitis at this point but is nursed back to health. The boys now have to confirm their story that they are not Jewish and must present their baptism certificates.

Back at the youth camp, the boys learn that their parents have been arrested and are being held at the Hotel Excelsior too. The boys must escape before the Germans realise that they are related. Their sister, Rosette, is waiting for them in a village near Montluçon. After a brief stay with their sister, the boys are on the road again, this time to Aix-les-Bains in the Alps to find their two older brothers.

In the Alps, both boys work and Joseph forges rationing tickets to earn more money. Joseph works for the Mancelier family and in 1943 and 1944 the boys are living in R., away from their family. The end of the war is near.

After 3 years, the boys make their way back to Paris separately. When Joseph finally arrives in front of his father's shop, he can see Henri, Albert and his mother but not his father. Joseph understands he will never see his father again.

TASK

Repérez toutes les villes ou tous les villages dans le résumé. Maintenant regardez une carte de France ou sur Internet et trouvez-les.

Key quotation

Ils ne m'ont pas pris ma vie, ils ont peut-être fait pire, ils me volent mon enfance, ils ont tué en moi l'enfant que je pouvais être.

[Chapitre X]

La Seconde Guerre mondiale

Un sac de billes se passe en France pendant la Seconde Guerre mondiale. Il est essentiel de comprendre cette période pour mieux apprécier ce roman.

La Seconde Guerre mondiale commence en France en septembre 1939 et dure presque 6 ans, jusqu'à l'Armistice du 8 mai 1945. La France, d'abord opposée à l'Allemagne, **collabore** en partie avec les nazis et se soumet au contrôle de l'armée allemande et de la **Gestapo** à partir de 1940. Pendant presque 5 ans, la France est divisée en deux camps : les collaborateurs et les résistants.

L'Italie commence la guerre contre la France, mais en septembre 1943 elle signe un armistice de paix avec les Alliés. Les États-Unis entrent en guerre en 1941 du côté des Alliés, et les troupes américaines, accompagnées des troupes canadiennes et britanniques, **débarquent** en Normandie en juin 1944.

collaborer to collaborate

la Gestapo German secret police

débarquer to land

The novel depicts everyday life during the Second World War with, for example, the presence of the German army, 'les biscuits vitaminés et l'huile de foie de morue' (vitamin biscuits and cod liver oil), the use of rationing cards, the yellow star that Jewish people had to wear, and the Maquis (French resistance movement).

As the book is based on the perceptions a naive young boy, who is only 10 when the story starts, the reader experiences the war at a certain distance and through his eyes as he tells the story of his adventures with his older brother.

TASK
1 Lisez la fin du premier chapitre et identifiez ce qui indique que nous sommes pendant la guerre.

Key quotation

« T'es tout con toi, c'est la faute à Jo, si il y a la guerre ? »
[Zérati, chapitre III]

La France de Vichy

envahi(e) invaded

contre leur gré unwillingly, against their will

la Résistance the Resistance (groups of people who fought against the German army and German control over France in the Second World War)

la Milice French political group that fought the Resistance

La France est **envahie** par l'Allemagne en mai 1940. En juin 1940 les Allemands prennent contrôle d'une partie de la France et c'est ainsi que la France est divisée en deux parties, la France occupée et la France libre. Le régime de Vichy impose alors son autorité sur la France et instaure par exemple le STO (le Service de Travail Obligatoire). Des milliers de jeunes français sont envoyés en Allemagne, **contre leur gré**, pour travailler et participer à l'effort de guerre.

On voit la naissance de la **Résistance**, les Français qui ne veulent pas suivre le contrôle allemand et la France de Vichy sous le contrôle du maréchal Pétain qui collabore avec l'armée allemande et Hitler. Pétain devient le chef de l'État et collabore avec le régime hitlérien. En plus des troupes allemandes sur le territoire français, la **Milice** est aussi formée pour faire respecter les ordres de la France de Vichy.

A chacun son métier ... mais pour tous : une seule patrie : LA FRANCE un seul chef : PÉTAIN

▲ Le Maréchal Pétain, qui collabore avec l'armée allemande et Hitler, fait appel à la jeunesse française pour qu'elle rejoigne sa cause

TASK

2 Pourquoi est-ce que Joseph et Maurice doivent aller à Menton ?

Once Marshall Pétain, who was under the control of Hitler, took charge of Vichy France, he imposed an authoritarian rule. The name Vichy France (*la France de Vichy*) comes from the name of the town of Vichy in southeastern France where Marshall Pétain's government had its seat. The new government abandoned France's democratic traditions and Pétain launched the 'National Revolution', a programme of changes to the systems, values and structures in France and France had a new motto: 'Travail, Famille, Patrie' to replace the longstanding 'Liberté, Égalité, Fraternité'.

Pénurie et répression

La vie en France sous l'Occupation allemande se caractérise par la **pénurie** et la répression. La population endure une économie de guerre et de restrictions.

Sous la dominance des nazis, les Français manquent de beaucoup de choses et les magasins sont **à cours de denrées** alimentaires. Les Français doivent se rationner. Cette pénurie entraine la pratique du **marché noir** en cette période de **privations** — c'est la seule façon de s'approprier certains produits qui **sont rationnés** comme le tabac, par exemple, et le sucre. C'est pourquoi quand les deux garçons veulent s'acheter des vêtements, la commerçante leur dit qu'elle n'a que des écharpes.

la pénurie shortage

à cours de short of

les denrées (f) commodities

le marché noir black market

la privation (f) shortage; hardship

être rationné(e) to be rationed

TASKS

3 Faites des recherches sur le rationnement alimentaire en France pendant la guerre et expliquez en quoi cela vous aide à comprendre certains aspects du roman.

4 Lisez l'extrait quand Joseph et Maurice arrivent à Dax et vont au café avec le prêtre. Relevez ce qui montre la pénurie et le rationnement.

Food supplies and general commodities became scarce and France had to impose a system of rationing. Milk, meat, sugar, cheese and butter for instance could only be bought with rationing tickets and in limited quantity per day. Potatoes were becoming rare too. People in towns and young children especially went hungry and people had to opt for foods that they would not eat normally and that were not rationed. For instance, as mentioned by the priest who helped the boys on the train to Hagetmau, barley had replaced coffee and saccharin was a substitute for sugar.

TASK

5 Lisez le passage de l'arrivée de Joseph à Menton. De quel aspect de la guerre s'agit-il ?

Build critical skills

1 Comment est-ce que les personnages d'Albert et Henri peuvent illustrer un aspect de la France de Vichy ?

Build critical skills

2 Que représente le personnage de M. Mancelier, l'homme pour qui Joseph travaille à R. ?

la délation informing

courant(e) common

le (la) dénonciateur (-trice) informer

lutter to fight

le réseau network

l'allié(e) ally

le (la) passeur (-euse) someone who helped other people *passer* over to the free zone

répandu(e) widespread

La collaboration

Pendant cette période de la France de Vichy, une large partie de la population collabore avec les Allemands. La collaboration prend plusieurs formes : la collaboration administrative, politique, économique, militaire et même idéologique. La France est occupée par les Allemands et les idées nazies se propagent. C'est alors que la France subit une importante présence allemande dans tous les aspects de la vie quotidienne.

La **délation** à la Gestapo est aussi très **courante** comme le montre l'épisode avec Rosette, qui ne veut pas que ses frères restent chez elle car elle pense qu'il y a des **dénonciateurs** dans le village. De nombreux délateurs ou dénonciateurs, poussés par leurs idéologies antisémites, dénoncent les juifs aux autorités allemandes, le plus souvent par lettres anonymes.

Collaborating did not have to be active. If you chose not to prevent it, you were regarded as a *collabo*. At the end of the war many people were arrested for acts of collaboration and many women were humiliated in public. It was common practice for women who had been intimate with the Germans to have their hair shaved off and to be marched through the town or village. The episode of Mancelier's arrest represents very well that aspect of the war when people who had collaborated with the Germans were punished.

Build critical skills

3 Expliquez l'épisode avec Mme Vouillard, chez Rosette, à la fin du chapitre X.

La Résistance

Malgré l'invasion et la dominance allemande, de nombreux Français refusent de collaborer et forment un mouvement de résistance. De nombreux mouvements de résistance s'opposent à l'Occupation nazie en France et au régime de Vichy. Partout en France, des groupes d'hommes et de femmes se créent et **luttent** activement contre l'ennemi allemand. Cette Résistance est constituée de **réseaux** secrets d'informations qui aident les soldats **alliés** à combattre l'armée allemande. Par exemple, des groupes de **passeurs** s'organisent pour aider les juifs à passer en zone libre et le sabotage est très **répandu**.

Members of the Resistance were seen as the enemy by the Nazis and Vichy France. The Milice and the Gestapo actively sought out their members. If a member of the Resistance were found, they would be arrested and deported to concentration camps. The Resistance was a threat to the German army. Groups formed everywhere and the 'Maquis' represented the Resistance in the countryside. One famous Resistance figure was General de Gaulle whose influence grew rapidly in France in the early 1940s. He led the Resistance with the support of Jean Moulin. De Gaulle fled to London from where he made his famous appeal, *l'appel du 18 juin*, calling all French people to rally against the German invasion. *Radio Londres*, on the BBC, would broadcast coded message to the Resistance throughout the war. In France the Resistance built networks of propaganda against Vichy France and clusters of saboteurs and spies spread throughout France.

▲ Le Général de Gaulle, chef de file de la Résistance française

TASK

9 Trouvez, dans le chapitre V, la référence aux réseaux de passeurs.

Build critical skills

4 Lisez le passage quand Joseph retrouve son frère devant l'hôtel du Commerce et identifiez les références à la Résistance.

Les Justes de France

It is estimated that about 3,500 French people were identified for their selfless act of protecting Jewish people during the war. *Les Justes* is a title created by Israel and it is estimated that approximately 24,355 *Justes* from 46 countries have been awarded this distinction. This book pays homage to all these people who risked their lives to help the Jews.

Build critical skills

5 Lisez le passage quand Albert explique que ses parents ont été libérés du camp et identifiez ce qui suggère que pendant la guerre certaines personnes risquaient leur vie pour aider les juifs.

Key quotation

Maurice comprit que Mgr Remond avait évité le départ pour Drancy à tous ceux qu'il avait pu.

[Chapitre IX]

La solution finale et l'Holocauste

les juifs (*m*) Jewish people

l'antisémitisme (*m*) antisemitism

viser à to aim to

maudit(e) cursed

déporté(e) deported

le camp de concentration concentration camp

l'étoile (*f*) **jaune** yellow star

Key quotation

Mon étoile. Pour un sac de billes. Ce fut ma première affaire.
[Chapitre III]

En 1942 la solution finale est décidée par les nazis. La solution finale est le génocide délibéré et l'extermination de tous les **juifs** européens.

Au début, en 1940, le régime de Vichy, sous l'influence du nazisme, pratique un **antisémitisme** d'État qui **vise à** exclure les juifs de certaines professions ou de lieux publics. Rapidement cet antisémitisme se transforme, sous les ordres nazis, en solution finale. Comme le souligne Joseph à l'arrestation de M. Mancelier, les juifs étaient considérés comme « la race **maudite** » par les nazis.

Des milliers de juifs sont **déportés** en masse dans les **camps de concentration** et exterminés. Le nom Holocauste est alors utilisé pour définir ce génocide des juifs d'Europe par les nazis. La Gestapo, aidée par la Milice, est responsable de rechercher, d'arrêter et de déporter des juifs jusqu'en 1944. Les camps de concentration sont libérés à la fin de la guerre en 1945.

L'étoile jaune

Au printemps 1942, les juifs de France doivent porter une **étoile jaune** avec l'inscription « JUIF ». C'est l'étoile de David. Cette mesure est imposée par les Allemands à tous les juifs de plus de 6 ans, en zone occupée. C'est un signe distinctif qui permet de les identifier très facilement.

Jewish people were banned from certain public places and were stripped of their French nationality and citizenship. But this separation rapidly turned into something much more extreme. In Paris, in July 1942, 13,152 Jews, including 4,115 children and 5,919 women, were rounded up by the French police in the Vélodrome d'Hiver (Vel'd'Hiv) stadium in Paris. Under orders from the Germans they were deported to the Auschwitz concentration camps. This event is known as *la Rafle du Vel'd'Hiv*.

The Nazis set up numerous concentration camps where they sent the Jews. At first the camps were built to imprison enemies and certain groups of people, but soon Hitler ordered the construction of death camps. The Nazis built six extermination camps in Poland to exterminate the Jews. Yet while Hitler's primary targets were the Jews in Europe, he also condemned other groups of people such as homosexuals, disabled people, traitors and members of the Resistance. The Nazis believed in the supremacy of the Aryan race and wanted to purify the human race. It is estimated that around 75,000 Jews were deported from France to concentration camps.

▲ Des juifs français montent à bord d'un train en partance pour les camps de concentration

Build critical skills

7 Au village de R., quand Joseph dit à son frère qu'il veut rejoindre la Résistance. Il dit « ce serait amusant que le gibier se transforme en chasseur ». Pourquoi dit-il cela ?

La propagande nazie

Pendant la guerre les nazis utilisent différents moyens pour diffuser leurs idéologies comme le cinéma, la radio et mêmes des **affiches** dans les rues. Dans son livre Joseph Joffo parle de la propagande antisémite avec le poster dans la rue et la propagande de la suprématie allemande au cinéma.

TASKS

11 Au chapitre II, lisez la description de la propagande antisémite quand Joseph parle de l'affiche qui est sur un mur près de chez lui. Identifiez les messages qu'elle transmet sur les juifs.
12 Sur Internet, recherchez des images de poster de propagande allemande.

TASK
10 La Rafle du Vel'd'Hiv est une des rafles les plus connues. De quelle autre rafle parle-t-on dans le livre ?

Build critical skills

6 Recherchez des informations sur la rafle du Vel'd'Hiv en 1942 et expliquez en quoi cela vous aide à mieux comprendre ce livre.

Key quotation

« Parfaitement faut les virer, les Youds »
[Les enfants, chapitre III]

l'affiche (f) poster

1 Associez les définitions aux mots suivants :

1 la Gestapo
2 l'étoile jaune
3 la France occupée
4 la solution finale
5 l'Holocauste
6 la collaboration
7 le Maquis
8 le STO

a signe que les juifs devaient porter
b décision prise par Hitler d'exterminer tous les juifs d'Europe
c programme nazi qui forçait les Français à travailler en Allemagne
d décision de certaines personnes pendant la Seconde Guerre mondiale de s'allier aux Allemands
e la France sous le contrôle de l'armée allemande
f groupe d'hommes et de femmes qui faisaient partie de la résistance et qui se cachait dans la campagne
g le génocide des juifs perpétrés par les Nazis
h l'armée allemande

2 Complétez le texte avec les mots de l'encadré.

Un sac de billes se passe pendant **1**.......... *et raconte l'enfance de Joseph. Dans ce roman on voit les réalités de la France sous* **2**.......... *allemande. Le roman est à la mémoire de tous* **3**.......... *qui ont péri pendant* **4**.......... *et il rend aussi hommage aux* **5**.........., *les personnes qui ont aidé les juifs. Joseph représente tous ces juifs qui étaient traqués par* **6**.......... *à la suite de la décision de* **7**.......... *par les nazis qui exerçait* **8**.......... *antisémite.*

les juifs	la Gestapo
l'Occupation	l'Holocauste
la Seconde Guerre mondiale	la solution finale
une propagande	Justes de France

3 Choisissez les quatre phrases qui sont correctes.

1 Pendant la Première Guerre mondiale la France est divisée.
2 Le Maréchal Pétain est à la charge de la France de Vichy.
3 Les Français qui ne veulent pas se soumettre aux ordres de l'armée allemande sont les collaborateurs.
4 Le marché noir aide les populations à se procurer les denrées dont elles manquent.
5 La religion principale de la France est le catholicisme.
6 La solution finale s'est seulement déroulée en Allemagne.
7 Pendant la Seconde Guerre mondiale l'armée nazie persécute les juifs.
8 L'Holocauste marque la fin de la guerre.

4 Continuez les phrases en respectant le contexte historique de l'histoire.
Il peut y avoir plusieurs solutions.

a Pendant la Seconde Guerre mondiale la France était ....

b Le Maréchal Pétain a décidé de ....

c Les Français ont alors subi ....

d Sous la France de Vichy les conditions de vie des Français ....

e Les juifs devaient ....

f Les juifs ont été déportés ....

g La solution finale a été commandée ....

h En secret, de nombreux Français ont ....

5 Répondez aux questions suivantes en français.

a Donnez deux détails de la vie quotidienne des Français pendant la Seconde Guerre mondiale.

b Donnez quelques détails des actions des Résistants en France.

c Citez deux mesures prises par Hitler pour séparer les juifs du reste de la population.

d Qui était le Maréchal Pétain ?

e Que faisaient les nazis avec leur propagande ?

f Qu'est-il arrivé aux collaborateurs après la guerre ? Donnez deux exemples.

Contexte

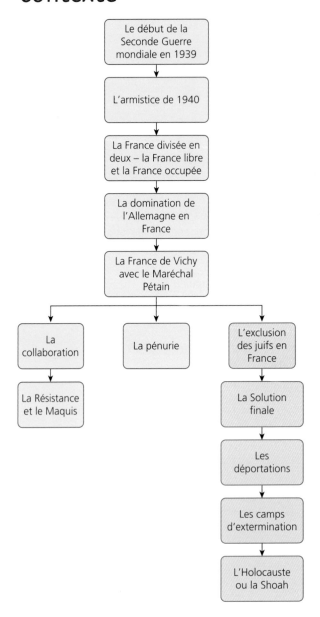

Vocabulaire

l'affiche (f) poster

les Allemands Germans

l'allié(e) ally

l'antisémitisme antisemitism

l'armée allemande German army

le camp de concentration concentration camp

le camp de la mort death camp

le (la) collaborateur (**-trice**) collaborator

la collaboration collaboration

collaborer to collaborate

contre leur gré unwillingly, against their will

courant(e) common

à cours de short of

débarquer to land

le (la) dénonciateur (**-trice**) informer

les denrées (f) commodities

la déportation deportation

déporté(e) deported

envahi(e) invaded

l'étoile (f) **jaune** yellow star

la France de Vichy Vichy France

la France occupée occupied France

le génocide genocide

la Gestapo Gestapo (Nazi political police)

juif (**juive**) Jewish

les juifs Jews

lutter to fight

le Maquis group of resistants who hid in the countryside

le marché noir black market

la Milice political group that fought the Resistance

maudit(e) cursed

le nazisme Nazism

le (la) passeur (**-euse**) someone who helped other people *passer* over to the free zone

la pénurie shortage

la privation (*f*) restriction

la propagande propaganda

(se) propager to spread

être rationné(e) to be rationed

le rationnement rationing

répandu(e) widespread

le réseau secret secret network

la Résistance Resistance (groups of people who fought against the German army and German control over France in the Second World War)

la Seconde Guerre mondiale Second World War

la Shoah Holocaust

les soldats alliés allied soldiers

se soumettre to abide, to comply, to submit

STO forced labour

les troupes (*f*) troops

viser à to aim to

3 Chapter summaries

Chapitre I : Le quartier de la Porte de Clignancourt

Nous sommes en 1941 dans le quartier de la Porte de Clignancourt à Paris. Joseph a 10 ans et grâce à la focalisation interne, nous comprenons qu'il est le personnage principal. Joseph et son frère ainé, Maurice, jouent aux billes en revenant de l'école. Joseph perd. Maurice taquine son frère et celui-ci commence à pleurer. Nous apprenons que le quartier de la famille Joffo est peuplé d'immigrés d'Europe de l'Est.

Papa Joffo est **coiffeur** dans ce quartier et son affaire marche très bien. Après un bref moment dans le salon de coiffure et après avoir fait leurs devoirs, les deux garçons **ressortent** s'amuser dans la rue. Soudainement, Joseph et son frère aperçoivent deux soldats allemands qui s'approchent. Ils viennent se faire couper les cheveux dans le salon Joffo.

le (la) coiffeur (-euse) hairdresser
ressortir to go out again

Key quotation

« *Arrête de chialer**... *quand tu regardes de l'autre côté, je sais que tu chiales.* »

[Maurice, chapitre I]

* chialer = to blubber

Les deux garçons cachent la pancarte *Yiddish Gescheft* alors que les SS s'avancent dans la boutique.

Bien que le chapitre soit presque entièrement écrit en focalisation interne, on s'aperçoit que Joffo, l'auteur, ajoute ses points de vue aussi.

Activities

1 Trouvez la traduction des mots suivants dans le résumé ci-dessus.
1 area
2 marbles
3 his business
4 a sign
5 to have a hair cut
6 to tease

2 Continuez les phrases suivantes en vous servant du vocabulaire du résumé :
1 Ce chapitre introduit Joseph qui est le ....
2 On apprend que Maurice est l'.......... des deux garçons.
3 Joseph Joffo introduit d'autres .... dans ce chapitre.
4 On apprend que le père de Joseph possède un ....
5 L'auteur utilise principalement .... dans ce premier chapitre.

Chapitre II : Les soldats allemands dans le salon de coiffure

l'ambiance (*f*) atmosphere

s'apprêter to get ready

Les soldats **1**.......... *se font couper les cheveux et* **l'ambiance** *est d'abord* **2**.......... *dans le salon. Joseph est un peu* **3**.......... . *Petit à petit l'***4**.......... *se détend et les soldats allemands parlent ouvertement de la* **5**.......... *et des juifs. Alors que les deux* **6**.......... **s'apprêtent** *à partir, M. Joffo leur dit que tout le monde est* **7**.......... *dans ce salon. Un silence s'installe. Les SS s'en vont et Joseph est* **8**.......... .*

Activity

3 Complétez le résumé avec les mots les mots de l'encadré.

inquiet	tendue
allemands	guerre
soldats	juif
ambiance	soulagé

TASK

4 Lisez la fin du chapitre II et identifiez ce qui suggère que la persécution des juifs a commencé en France.

Chapitre III

L'étoile

Un matin, avant l'école, Maman Joffo **coud** une étoile jaune sur les vestes de Joseph et de Maurice avec l'inscription « JUIF ». Une fois arrivés à l'école, l'étoile **suscite** des réactions de la part des autres écoliers. Zérati est admiratif et envieux alors que les autres adoptent une attitude raciste envers les enfants Joffo. Ils les insultent et une bagarre commence. Joseph ne comprend pas : « je deviens juif » s'étonne-t-il. Même M. Boulier, le maitre d'école, adopte une attitude différente envers Joseph et l'ignore. On comprend l'incompréhension totale et la naïveté de Joseph qui ne se rend compte ni de la situation ni de la signification d'être juif. Malgré les évènements, Zérati demande à Joseph d'**échanger** son étoile contre un sac de billes. On comprend alors la signification du titre du roman.

coudre to sew

susciter to provoke

échanger to swap

Activity

4 Finissez les phrases en utilisant la conjonction de subordination « qui ».
Il faut garder le sens du résumé.
   1 Dans ce chapitre on voit Maman Joffo ....
   2 On voit que c'est l'étoile ....
   3 Il y a des enfants ....
   4 On voit Joseph ....
   5 C'est Zérati ....

GRADE *BOOSTER*

Use of subordinate clauses in your essay to demonstrate the use of more complex grammar.

Le départ

Après avoir passé l'après-midi dans les rues de Paris, les enfants retournent chez eux et se rendent compte que quelque chose va se passer. Papa a en effet fermé les rideaux de la boutique. Papa Joffo commence à raconter son enfance : âgé de 7 ans il a dû voyager seul de la Russie jusqu'à Paris pour échapper à l'oppression du tsar russe. On apprend aussi que Maman Joffo est, elle aussi, russe et que les parents Joffo se sont rencontrés à Paris. « **C'est votre tour** » leur lance-t-il. Joseph et Maurice, comme leur père, doivent partir seuls et rejoindre la France libre pour échapper à la persécution nazie. Ils retrouveront leurs deux frères ainés, Albert et Henri, qui sont déjà à Menton depuis quelques mois. Avant de les laisser partir, Papa Joffo leur donne des instructions et leur dit qu'ils ne doivent JAMAIS dire qu'ils sont juifs. JAMAIS. Alors, seuls dans la nuit, munis de leur **musette** et de 5,000 **francs**, Joseph, 10 ans, et Maurice, 12 ans, s'en vont en direction de la gare d'Austerlitz. Leurs parents les retrouveront bientôt.

c'est votre tour it is your turn

la musette satchel
le franc franc (currency used in France at the time)

Activity

5 Identifiez les quatre phrases qui sont correctes.
  1 M. Joffo est né à Paris.
  2 Quand il était petit M. Joffo a voyagé tout seul.
  3 Les parents Joffo se sont rencontrés en Russie.
  4 Joseph et Maurice doivent échapper à l'oppression du tsar.
  5 Joseph et Maurice doivent aller en zone libre.
  6 Albert et Henri, les deux frères de Joseph, vont bientôt les rejoindre à Menton.
  7 Papa dit à Joseph et Maurice qu'ils doivent mentir.
  8 Les parents Joffo partiront bientôt.

Key quotation

« C'est la chasse qui est réouverte, alors il faut repartir et se cacher »
[Papa Joffo]

TASK

5 Lisez le passage quand Papa Joffo dit à ses enfants qu'ils doivent partir. Identifiez ce que fait Papa Joffo pour s'assurer que Joseph ne dise jamais qu'il est juif.

Chapitre IV : Le train pour Dax

C'EST BIEN VOUS ?

OUI. J'AI UN PEU MAIGRI, MAIS C'EST BIEN MOI.

▲ « Les enfants sont avec moi. »

Dans ce long chapitre, Joseph raconte son trajet en train de Paris à Dax. La gare est **bondée** et grâce à la **ruse** de Maurice, les deux enfants **parviennent à** acheter leurs tickets très rapidement. Ils arrivent tant bien que mal à **se faufiler** dans le train et à trouver de la place pour s'assoir, mais par terre. Joseph s'endort et se réveille à Dax. Il remarque alors que de nombreuses personnes ont déjà quitté le train. Maurice lui dit en effet que des passagers ont sauté du train avant d'arriver à Dax. Des soldats allemands montent dans le train et contrôlent les papiers. **Apeurés**, les enfants s'installent près d'un prêtre et lui disent qu'ils n'ont pas de papiers. « Les enfants sont avec moi » dit-il aux soldats. Joseph et Maurice sont sauvés. Une fois descendus du train, le prêtre emmène les

bondé(e) packed
la ruse craftiness
parvenir à faire quelque chose to manage to do something
se faufiler to sneak in
apeuré(e) scared

➡

franchir to cross over

deux jeunes garçons manger au buffet de la gare. Après leur déjeuner, les enfants doivent prendre un bus pour Hagetmau, un petit village où ils **franchiront** la ligne. « la France libre n'est pas loin », se réjouit Joseph à la fin du chapitre.

Build critical skills

1 À bord du train, une vieille dame est emmenée par les Allemands. Le prêtre dit à Joseph qu'ils l'ont envoyée chez elle. Pourquoi, à votre avis, dit-il cela ?

Activity

6 Répondez aux questions en français en vous servant du vocabulaire du résumé. Faites des phrases complètes.
  1 Que décrit ce chapitre ?
  2 Quel trait de caractère du personnage de Maurice voit-on dans ce chapitre ?
  3 Pourquoi est-ce qu'il y a moins de personnes dans le train quand le train arrive à Dax ?
  4 Pourquoi est-ce que les soldats allemands sont dans le train ?
  5 Qui vient en aide à Joseph et Maurice ?
  6 Quelle est la prochaine destination des deux enfants ?
  7 Qu'est-ce que Joseph et Maurice y feront ?
  8 Que dit Joseph à la fin du chapitre ?

TASK

6 Dans le train, Maurice ment à la grand-mère sur leur nom. Ils s'appellent Joseph et Maurice Martin. Identifiez dans le texte la raison pour laquelle Maurice dit un mensonge.

Chapitre V : Hagetmau

Un autre périple de leur voyage est décrit dans ce chapitre. Les enfants arrivent dans le petit village d'Hagetmau, passent la ligne et se retrouvent finalement à la gare d'Aire-sur-l'Adour.

À Hagetmau, Joseph et Maurice font la connaissance d'un jeune garçon, Raymond, qui leur dit qu'il peut les aider à franchir la ligne pour la zone libre contre la somme de 500 francs. Il y a une autre condition aussi : Joseph et Maurice doivent finir le travail de Raymond qui doit livrer de la viande à des habitants du village.

La nuit tombe et les deux enfants se mettent en chemin pour retrouver Raymond. En route, ils rencontrent un homme qui leur dit qu'il est juif et qu'il veut passer en zone libre. Il est accompagné de sa femme et de sa belle-mère. Joseph et Maurice lui proposent de venir avec eux. Dans l'obscurité, Maurice et Joseph court à travers la forêt. La France libre est enfin là ! Accompagnés du « trio de Juifs », et sur les conseils de Raymond, Joseph et Maurice se dirigent vers la ferme de M. Badin pour y passer la nuit.

→

Tous les cinq s'installent dans la grange et s'endorment sur la **paille**. Dans la nuit, Joseph se rend compte que Maurice n'est plus là. Inquiet, Joseph le cherche et découvre qu'il lui a laissé un mot : « je vais revenir ». Bientôt, d'autres personnes arrivent dans la grange. Et soudainement, Maurice réveille Joseph et lui dit qu'il a aidé 40 personnes à passer la ligne pendant la nuit et qu'il a gagné 20 000 francs. Après un petit déjeuner à la ferme, Joseph et Maurice reprennent la route pour rejoindre Marseille. Au bout de quelques kilomètres, les enfants s'arrêtent et Maurice s'endort. Soudain, Joseph entend un bruit au loin. Il se retourne et aperçoit une **calèche** qui s'approche. Et c'est en calèche que les deux enfants se rendent à Aire-sur-l'Adour avec le **comte** de V.

la paille straw

la calèche horse-drawn carriage

le comte count, earl

▲ Raymond, Joseph, Maurice et le trio de juifs franchissent la ligne

Activity

7 Répondez aux questions suivantes en français.
   1 À part Joseph et Maurice, qui sont les autres personnages dont on parle dans ce résumé ?
   2 À quel moment de la journée est-ce que Joseph et Maurice passent en zone libre ?
   3 Avec qui franchissent-ils la ligne ?
   4 Où passent-ils la nuit ?
   5 Qui les rejoignent plus tard dans la nuit ?
   6 De quoi s'aperçoit Joseph quand il se reveille ?
   7 Comment est-ce que Joseph et Maurice commencent leur voyage vers Aire-sur-l'Adour ?
   8 Comment est-ce que Joseph et Maurice arrivent à la gare d'Aire-sur-l'Adour ?

8 Lisez les évènements ci-dessous et mettez-les dans l'ordre chronologique.

1 Les deux garçons se dirigent à pied vers Aire-sur-l'Adour.
2 Après avoir franchi la ligne, les enfants dorment dans une ferme.
3 Le Comte de V. emmène les enfants en calèche à la gare de d'Aire-sur-l'Adour.
4 Raymond leur dit qu'il leur fera payer moins cher que le fermier pour traverser la ligne.
5 Quand Maurice revient, il lui dit qu'il est devenu passeur pendant la nuit et a gagné beaucoup d'argent.
6 Raymond dit qu'un fermier est le passeur du coin et qu'il demande beaucoup d'argent.
7 Une calèche s'approche.
8 En chemin, les deux garçons s'arrêtent et Maurice s'endort.
9 Les enfants retrouvent Raymond à la nuit tombée.
10 Les enfants mangent dans un café.
11 Joseph se réveille, mais Maurice n'est pas là.
12 Dans le café, Maurice se rend compte que tous les clients sont juifs.
13 Les deux garçons font la connaissance de Raymond, un passeur local.
14 Joseph et Maurice rencontrent une famille juive.
15 Joseph et Maurice traversent la forêt et arrivent en zone libre.

TASK

7 Lisez le passage quand Joseph et Maurice parlent à la serveuse. Identifiez ce qui souligne que de nombreuses personnes ont gagné beaucoup d'argent en étant passeur pendant la guerre.

Chapitre VI : Marseille et Menton

Joseph et Maurice à Marseille

Les enfants arrivent à la gare Saint-Charles à Marseille. Comme leur prochain train n'est pas avant le soir, Joseph et Maurice décident d'aller se promener et soudain les deux garçons découvrent la mer pour la première fois et c'est l'émerveillement ! Ils ont aussi le temps d'aller au cinéma. De retour à la gare, Joseph et Maurice doivent de nouveau **recourir à** la ruse pour échapper aux gendarmes. Finalement, ils sautent dans le train pour Menton.

recourir à to use

▲ Les deux garçons découvrent la mer pour la première fois

Chez Henri et Albert à Menton

Une fois arrivés chez leurs frères ainés qui sont coiffeurs à Menton, Joseph et Maurice peuvent maintenant se détendre. Ils y passent des journées « formidables » à jouer au foot sur la plage, à explorer la ville et à cuisiner. Joseph fait la connaissance de Virgilio, un petit garçon de son âge avec qui il joue aux **osselets**. Virgilio lui dit que pendant les vacances il travaille à la ferme de la famille Viale. Le lendemain, Joseph se rend à la ferme. Pendant une dizaine de jours, Joseph travaille à la ferme, dans les montagnes, oubliant les **soucis** de la guerre.

Comme le livre est écrit en focalisation interne, on ne sait pas ce que Maurice fait pendant que Joseph est chez la famille Viale.

L'arrestation des parents Joffo

À son retour de la ferme, Joseph apprend que ses parents ont été arrêtés et qu'ils sont maintenant détenus dans un camp de transit à Pau. Henri décide d'aller les aider. Pendant l'absence d'Henri, Albert continue de travailler et de s'occuper de Joseph et Maurice, qui sont maintenant scolarisés. Après une dizaine de jours, Henri revient avec de bonnes nouvelles : leurs parents sont libres. Henri explique à ses frères comment il a réussi à retrouver ses parents et comment, grâce au Colonel, qui, selon lui, a menti pour les aider, ses parents ont été libérés du camp de transit.

Le départ pour Nice

*Papa Joffo écrit une **1**.......... à ses enfants et leur dit que tout va bien pour eux à **2**.......... . La famille devrait être bientôt réunie et Joseph continue à passer des moments agréables à **3**.......... .*
*Malheureusement, un jour deux **4**.......... frappent à la porte de chez Henri et Albert. Ils doivent aller en **5**.......... pour faire leur Service de Travail Obligatoire (STO). Albert décide autrement et les quatre frères Joffo partent pour Nice.*

✳ Chapter 12

10 mins

les osselets jacks (a game played with five small bone-shaped objects or stones)
le souci worry

> **TASK**
> **8** Lisez la description de Joseph et Maurice sur la plage de Menton et identifiez ce qui montre qu'ils se sentent libres.

Activities

Joseph et Maurice à Marseille

9 Lisez les pages de ce passage et identifiez ce qui illustre :
1. l'émerveillement des enfants devant la mer
2. les restrictions pendant la guerre
3. la propagande nazie
4. la ruse de Joseph
5. la peur de Joseph
6. la traque sans relâche

Chez Henri et Albert à Menton

10 Mettez les verbes soulignés au passe composé.
Exemple : Joseph et Maurice *ont pu* se détendre.
L'arrestation des parents Joffo

11 Lisez les pages de ce passage et répondez aux questions :
    1 Pourquoi est-ce que les Parents Joffo ont quitté Paris ?
    2 Que demande Papa Joffo à Henri et Albert ?
    3 Quel métier exerce Maurice à Menton ?
    4 Qu'instaure le régime de Vichy pour les écoliers ?
    5 Comment est-ce qu'Henri a réussi à approcher le camp ?
    6 Que fait Henri pour essayer de libérer ses parents ?
    7 Que fait le Colonel ?
    8 Quelle est la décision du Colonel ?

Le départ pour Nice

12 Complétez le résumé avec les mots suivants :

gendarmes	Menton
lettre	Nice
Allemagne	

Chapitre VII : Nice

Les frères Joffo ont rejoint leurs parents à Nice et tout se passe très bien pour la famille. La famille y passe plus d'une année. Henri et Albert travaillent dans un salon de coiffure de haut luxe et ont une très bonne réputation. Joseph et Maurice **sympathisent avec** des soldats italiens, avec qui ils font du marché noir. Les deux jeunes enfants se font de bonnes sommes d'argent grâce à leurs **combines** de tomates et de cigarettes. Pour Joseph, la vie à Nice est belle et il s'y sent libre. Il se débrouille bien à l'école et passe de bons moments sur la plage et au **bistrot** Tite. Malheureusement, en ce début du mois de septembre, la situation change. L'Italie, initialement alliée à l'Allemagne, signe, le 8 septembre, un armistice avec l'Amérique. Petit à petit la présence de l'armée italienne diminue. L'armée allemande doit alors la remplacer. Le 10 septembre, les SS et la Gestapo arrivent à Nice.

sympathiser avec to get on well with
la combine scheme, racket

le bistrot café

Activity

13 Corrigez les phrases suivantes pour garder le sens du résumé.
1 Joseph et Maurice habitent avec Henri et Albert.
2 La vie à Nice est très difficile.
3 Henri et Albert ont du mal à trouver du travail à Nice.
4 Joseph et Maurice ont peur des soldats italiens.
5 Joseph passe quelques mois à Nice.
6 Henri et Albert gagnent de l'argent en trafiquant des tomates et des cigarettes.
7 Joseph n'est pas très bon à l'école.
8 L'armée allemande part de Nice.

Build critical skills

2 Lisez le début du chapitre VII et analysez ce que Joseph ressent sur sa vie à Nice.

Chapitre VIII

« Moisson Nouvelle »

La Gestapo s'est installée à l'hôtel Excelsior à Nice et de nombreux juifs sont arrêtés. Les Joffo doivent s'enfuir. Ils partent « deux par deux » : Henri et Albert partent en Savoie, Joseph et Maurice à Golfe-Juan. Les parents restent à Nice.

Joseph et Maurice arrivent à «Moisson Nouvelle», un camp paramilitaire pro-Vichy qui est dirigé par Subinagui, un homme très chaleureux.

Les deux enfants s'habituent très vite à la vie au camp. Joseph y rencontre Ange Testi, un jeune garçon originaire d'Alger, qui lui dit que le camp est rempli de juifs.

Pour aider au bon fonctionnement du camp, les jeunes garçons travaillent. Joseph et Maurice choisissent de faire de la poterie mais à la fin de leur première journée, ils se rendent compte que la poterie est trop difficile. Ils sont alors envoyés dans les cuisines du camp. Maurice apprend l'art de la boucherie et Joseph commence un trafic de sucre et de farine, avec Ange et Masso — « Trois semaines formidables commencent ».

TASK

9 Lisez les premiers paragraphes du chapitre et identifiez le nom du soldat italien dont Joseph parle.

Key quotation

...gagner notre vie à notre âge était devenu un jeu suprême...
[Chapitre VI]

L'arrestation de Joseph et Maurice

Les nouvelles de guerre circulent dans le camp et Joseph et Maurice sont de plus en plus inquiets que la Gestapo va peut-être venir à Golfe-Juan. Maurice pense alors à un stratagème qui pourrait les aider s'ils étaient un jour arrêtés par les Allemands. Les deux enfants s'inventent une nouvelle identité.

Un jour, Joseph et Maurice vont à Nice avec Ferdinand, un jeune homme qui travaille au camp. Malheureusement, ils **tombent dans un piège** et sont tous les trois arrêtés par la Gestapo. Ils sont emmenés à l'hôtel Excelsior où se trouvent les Quartiers Généraux de l'armée allemande.

tomber dans un piège to fall into a trap

TASKS
10 Lisez la scène de l'arrestation de Joseph et commentez-la.
11 Qu'apprenons-nous sur Ferdinand quand il se fait arrêter ?

Chapitre IX : L'hôtel Excelsior

Les interrogatoires

Joseph, Maurice et Ferdinand rejoignent **1**.......... *de personnes dans le lobby de l'hôtel. Ferdinand se fait* **2**.......... *par la Gestapo mais malheureusement, sous la violence, il* **avoue** *qu'il est juif. Maurice et Joseph, quant à eux, commencent à* **3**.......... *leur nouvelle identité et disent qu'ils viennent d'Alger. Un docteur* **4**.......... *vérifie s'ils sont circoncis et les deux garçons prétendent qu'ils ont été* **5**.......... .
Le docteur allemand confirme que c'est en effet un acte chirurgical.
Le lendemain, Joseph et Maurice sont interrogés séparément et racontent l'histoire inventée par Maurice. Les **6**.......... *durent toute la journée.*

avouer to admit

Activities

17 Complétez le résumé avec les mots suivants :

interrogatoires	interrogé
opérés	allemand
raconter	une foule

18 Faites cinq phases selon l'exemple suivant :
Dans ce passage on apprend/on voit/s'aperçoit/se rend compte que Joseph et Maurice sont dans l'hôtel Excelsior.

TASK
12 Lisez le passage quand Joseph et Maurice croisent le docteur allemand et identifiez ce qui souligne que le docteur a menti pour les aider.

Joseph est malade

Pendant les six jours qui suivent, Joseph et Maurice sont toujours détenus par les Allemands et sont envoyés dans les cuisines de l'hôtel pour y travailler. Un jour, ils voient Masso qui a été, lui aussi, arrêté par la Gestapo. Malheureusement, Masso est déporté vers un camp de concentration. Joseph commence à avoir des **maux de tête** et rapidement sa condition se détériore. Joseph perd l'appétit, hallucine, puis perd conscience. Quand il reprend conscience il s'aperçoit qu'une jolie fille, Mlle Hauser, s'occupe de lui. Petit à petit, Joseph **se rétablit**. On apprend que Mlle Hauser n'est pas infirmière mais qu'elle est juive, elle aussi.

le(s) mal (maux) de tête headache(s)

se rétablir to get better

Activity

19 Répondez aux questions suivantes :
1 Où se passe l'action ?
2 Où est-ce que Joseph et Maurice travaillent ?
3 Qui est aussi détenu dans le même endroit ?
4 Qu'arrive-t-il à cette personne ?
5 Qu'est-ce qui arrive à Joseph ?
6 Qui est Mlle Hauser ?

La libération

Pour confirmer qu'ils ne sont pas juifs, Joseph et Maurice doivent fournir des certificats de communion. Maurice part. Après être allé voir le prêtre d'une église locale et Subinagui à Golfe-Juan, Maurice est de retour avec les certificats. Malheureusement, les soldats allemands doutent de l'authenticité de ces certificats. L'épisode qui suit est effroyable : les allemands tentent de piéger Joseph et Maurice, mais heureusement Joseph s'aperçoit de ce qui se passe. Les enfants sont **sains et saufs**. Quelques jours plus tard, le Curé de la Buffa arrive à l'hôtel et dit qu'il y a eu une erreur administrative : les deux frères Joffo doivent être libérés. Grâce à sa ténacité, les enfants sont enfin **relâchés**.

sain et sauf safe and sound

relâché(e) released, set free

Activity

20 Continuez les phrases suivantes avec des mots du résumé.

1 Joseph et Maurice doivent prouver qu'ils ne sont pas ....
2 La Gestapo leur demande de fournir des ....
3 Maurice va voir un ....
4 Les soldats .... que les certificats soient autentiques.
5 La Gestapo veut .... les deux enfants.
6 Grace au curé de la Buffa, Joseph et Maurice sont finalement ....

Build critical skills

3 On sait que beaucoup de personnes ont aidé les populations juives pendant la guerre. Qu'est-ce qui montre cet aspect dans ce chapitre ?

Key quotation

...Maurice comprit que Mgr Remond avait évité le départ pour Drancy à tous ceux qu'il avait pu.
[Chapitre IX]

GRADE *BOOSTER*

When you talk about ideas, it is important that you use the text to justify what you are expressing.

Chapitre X : Chez Rosette

le (la) commerçant(e) shop keeper
l'écharpe (f) scarf
le hameau hamlet

L'arrivée chez Rosette

Octobre 1943. Joseph et Maurice viennent d'apprendre que leurs parents ont été arrêtés et sont maintenant détenus à l'hôtel Excelsior. Les enfants doivent s'enfuir avant que la Gestapo ne découvre qu'ils font partie de la même famille. Joseph et Maurice se rendent chez leur sœur Rosette près de Montluçon. À leur arrivée, les enfants ont très froid. Comme ils viennent du Sud où il fait plus chaud, ils ne portent que leur short et leur chemise. Ils décident d'aller s'acheter un manteau mais malheureusement la **commerçante** n'a que des **écharpes** à leur vendre. Les enfants passent la nuit chez la commerçante puisque les Allemands ont réquisitionné l'hôtel. Le lendemain, ils se rendent chez leur sœur qui habite avec son mari dans un **hameau**. Bien que Rosette soit heureuse de voir ses frères, elle ne veut pas qu'ils restent chez elle. Elle leur dit qu'il y a un dénonciateur dans le village. Rosette prépare leur musette.

Activity

21 Identifiez dans le résumé un exemple pour chaque idée suivante et faites des phrases selon l'exemple suivant : *Un bon exemple de (idée) est quand on apprend que (exemple).*
- ◥ la persécution nazie
- ◥ l'Occupation allemande
- ◥ la bonté des gens
- ◥ les pénuries en temps de guerre
- ◥ la collaboration

TASK

13 Dans ce chapitre, nous faisons la connaissance de Mme Vouillard. Qu'apprenons-nous sur elle ?

« Grandi, durci, changé… »

Alors que Joseph pense à son nouveau départ, il se rend compte qu'il a changé, qu'il n'est plus, malgré ses 12 ans, un enfant. Joseph a en effet « Grandi, **durci**, changé… ». Joseph dit qu'il a bien sûr changé physiquement depuis 18 mois mais c'est plutôt de l'impact des épreuves qu'il a subies dont il nous fait part. Malheureusement, ils déplorent que ni les billes ni les osselets ne l'intéressent maintenant et que la guerre est une réalité. Joseph accuse les Allemands — ils ont tué l'enfant qu'il était. C'est un monologue **déchirant** que Joseph nous livre ici. Sa musette est prête pour le nouveau périple qu'il l'attend.

durcir to get tougher
déchirant(e) harrowing

Activity

22 Lisez les cinq derniers paragraphes de ce chapitre et identifiez ce que dit Joseph pour montrer :
- ◥ qu'il a changé physiquement
- ◥ l'impact des épreuves qu'il a subies
- ◥ qu'il a changé psychologiquement
- ◥ qu'il n'est plus un enfant
- ◥ qu'il se rend compte de la réalité de la guerre
- ◥ qu'il accuse les Allemands
- ◥ que la guerre est atroce
- ◥ qu'il a toujours espoir

GRADE *BOOSTER*

When reading a chapter it is important to try to analyse as much detail as possible and to link what you read with the themes. This is a good way to accumulate examples of the themes to use in your essay

Build critical skills

4 Joseph dit qu'il a « Grandi, durci, changé… ». Analysez les différentes façons dont on peut comprendre ces trois mots.

Key quotation

Ils ne m'ont pas pris ma vie, ils ont peut-être fait pire, ils me volent mon enfance, ils ont tué en moi l'enfant que je pouvais être.
[Chapitre X]

Chapitre XI : La fin de la guerre

La famille Mancelier

Fin d'année 1943. Joseph est dans les Alpes depuis 2 mois, dans le village de R. Joseph a commencé un trafic de forgerie de tickets de **1**.......... *. Il travaille dans la* **2**.......... *d'Ambroise Mancelier, un* **3**.......... *militaire qui* **4**.......... *le maréchal Pétain et dont les* **5**.......... *sont les juifs ! Chez les Mancelier, il y a Marcelle, la mère, Raoul, le fils et Françoise, la fille dont Joseph est* **6**.......... *. Maurice, quant à lui, travaille dans l'hôtel du Commerce.*

La fin de la guerre

Printemps 1944. La fin de la guerre approche et la résistance est très active. La Milice est présente et un homme se fait arrêter. Malgré lui, Joseph prend part à la résistance en délivrant une enveloppe que cet homme lui a donnée avant son arrestation pour M. Jean. C'était son « unique et bien modeste contribution au combat de la France ».

« ...ça va finir »

Le débarquement a commencé et la fin de la guerre est imminente.
Les affaires de M. Mancelier ne sont pas très bonnes et les habitants du village commencent à exprimer leur mépris contre cet homme.
Les rumeurs circulent que les « Amerlos » (Américains) sont proches – « ça va finir ».
Le 8 juillet 1944, le village est en fête et les gens sont fous de joie mais « l'heure des comptes est arrivée ». Les collaborateurs doivent maintenant payer. Ambroise n'y échappe pas, mais Joseph intervient. Il sauve M. Mancelier en prétextant que M. Mancelier savait que Joseph était juif. Ambroise Mancelier et sa femme ne sont pas tués mais emmenés en prison. Joseph devient alors le patron de la librairie.

Le retour à Paris

Paris Libéré ! Joseph prend sa musette et reprend la route, mais cette fois-ci sans Maurice. Joseph est libre et n'hésite pas à dire « je suis juif ». Arrivé à la gare, Joseph s'étonne de la foule et parvient, encore une fois grâce à sa ruse, à monter dans le train. On apprend que Maurice a préféré la voiture au train pour « regagner la capitale ». Joseph arrive enfin à la station de métro, Marcadet-Poissonniers, qu'il a quittée il y a 3 ans. Musette au corps, Joseph s'avance vers le salon de coiffure dont

→

l'**enseigne** est restée la même « Joffo - Coiffeur ». À travers la **vitre,** il aperçoit Henri, Albert et sa mère, mais Papa Joffo n'est pas là. Joseph comprend. Son reflet dans la vitrine confirme qu'il a grandi.

l'**enseigne** (f) sign
la vitre shop window

Free Free

▲ La famille réunie, mais sans Papa Joffo

Activities

La famille Mancelier

23 Complétez le résumé avec les mots suivants.

papeterie	amoureux
vénère	rationnement
ennemis	ancien

24 Répondez aux questions en français.
    1 En quelle année sommes-nous au début du chapitre XI ?
    2 Où se trouve Joseph ?
    3 Que forge-t-il ?
    4 Chez qui est-ce que Joseph travaille ?
    5 Combien de personnes comprend la famille Mancelier ?
    6 Où travaille Maurice ?

La fin de la guerre

25 Mettez ce résumé au passé.

« …ça va finir »

26 Lisez l'arrestation de M. Mancelier dans le livre. Identifiez le registre familier et faites des phrases en utilisant la phrase suivante :
Pour rendre le dialogue réaliste, Joseph Joffo utilise des expressions familières comme « ….. »

Le retour à Paris

27 Écrivez au moins quatre phrases en utilisant *Après avoir/être* avec les informations du résumé. Regardez l'exemple.
Exemple : Après avoir pris sa musette, Joseph est reparti.

GRADE *BOOSTER*

Think of the complexity of your French. The structure *après avoir/ être* is an effective way to write complex sentences.

TASKS

14 On apprend que Joseph forge des tickets de rationnement. Comment fait-il exactement ?

15 Identifiez les actes de résistance dans ces pages.

16 Lisez l'arrestation de M. Mancelier et identifiez le traitement des collaborateurs à la fin de la guerre.

Build critical skills

5 Avec les Mancelier, Joseph se rend à l'église. Que montre cet épisode ?

6 Joffo raconte comment Maurice est reparti à Paris. Selon vous, qui raconte cela ? Joseph enfant ou Joseph l'auteur ? Pourquoi ?

Key quotation

« *Joseph Joffo, je suis juif.* »

[Joseph, chapitre XI]

GRADE *BOOSTER*

It is important to pay attention to the different writing techniques the author uses as they also convey ideas.

1 Répondez aux questions en français.
   1 Quel âge ont Joseph et Maurice au début de l'histoire ?
   2 Où habitent-ils ?
   3 Qui est Zérati ?
   4 Où doivent aller Maurice et Joseph quand ils quittent Paris et pourquoi ?
   5 Qui les aide dans le train de Dax ?
   6 Où vont-ils après Dax et pourquoi ?
   7 Que fait Maurice à Hagetmau ?
   8 Qu'est-ce qu'il leur arrive à la gare de Marseille ?
   9 Qui est Virgilio ?
   10 Qui est la famille Viale ?
   11 Que dit la lettre que reçoivent les frères Joffo ?
   12 Que fait Henri ?
   13 Pourquoi est-ce que les quatre frères partent à Nice ?
   14 Avec qui est-ce que Maurice et Joseph sympathisent-ils à Nice ?
   15 Comment est-ce que Joseph et Maurice gagnent de l'argent à Nice ?
   16 Pourquoi est-ce que l'armée italienne part de Nice ?
   17 Pourquoi est-ce que la famille Joffo s'enfuit de Nice ?
   18 Où vont Joseph et Maurice quand ils quittent Nice ?
   19 Qui est Subinagui ?
   20 Que se passe-t-il à Nice pour Joseph, Maurice et Ferdinand ?
   21 Qu'arrive-t-il à Joseph à l'hôtel Excelsior ?
   22 Pourquoi est-ce que Maurice a dû fournir des certificats de communion ?
   23 Qui aide les enfants à l'hôtel Excelsior ?
   24 Quel est le piège que les Allemands tendent à Joseph et Maurice ?
   25 Pourquoi est-ce que Joseph et Maurice vont chez leur sœur Rosette ?
   26 Comment peut-on expliquer qu'elle veut qu'ils partent rapidement ?
   27 Une fois dans le village de R., à quel trafic est-ce que Joseph prend part ?
   28 Où travaillent les frères Joffo à R. ?
   29 Qui est M. Mancelier ?
   30 Où se trouve Joseph à la fin du livre ?

2 Utilisez la structure grammaticale *après + être/avoir* avec les épisodes suivants. Il faut aussi conjuguer le verbe entre parenthèses au passé-composé. Regardez l'exemple suivant :

Exemple : jouer aux billes dans la rue, Joseph (apercevoir) des soldats allemands

Après avoir joué aux billes dans la rue, Joseph a aperçu des soldats allemands.
   1 recevoir l'étoile jaune, Maurice et Joseph (se faire insulter) à l'école
   2 voir l'étoile de Joseph, Zérati (vouloir l'échanger) contre un sac de billes

3 parler à ses enfants, Papa Joffo les (laisser) partir seuls

4 échapper à la police, les enfants (réussir) à monter dans le train

5 être protégés par un prêtre dans le train de Dax, les deux garçons (prendre) la route pour Hagetmau

6 franchir la ligne, Maurice et Joseph (passer) la nuit dans une ferme

7 arriver à Aire-sur-l'Adour en calèche, Maurice et Joseph (prendre) le train pour Marseille

8 arriver à Marseille, les deux garçons (se promener) dans la ville

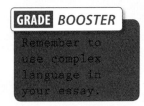

GRADE *BOOSTER*

Remember to use complex language in your essay.

3 Traduisez les phrases suivantes en français.

1 Joseph is the youngest of the four Joffo brothers.

2 The family lives in an area of Paris called la Porte de Clignancourt.

3 Joseph has to wear a yellow star on his jacket.

4 As Nazi persecution spreads, Papa Joffo decide to send his two younger sons to the free zone.

5 The area where the Joffo family live, is in occupied France.

6 Thanks to a priest on the train to Dax, the two boys escape the German soldiers.

7 Hagetmau is a village where people can reach the free zone.

8 In this village people called '*passeurs*' charge people to cross over the line.

9 Unlike what Joseph thought, there isn't a wall between the two zones.

10 Once in Marseilles, the two boys take a train to Menton.

4 Complétez le texte ci-dessous avec les noms de localités ci-dessous.

Menton	– Nice
Pau	Hagetmau
Paris	· Golfe-Juan
Marseille	

*Après avoir quitté **1**.......... les deux enfants prennent le train en direction de **2**.......... pour retrouver leurs deux frères, Albert et Henri, mais pour cela ils doivent d'abord franchir la ligne à **3**.........., un petit village dans le sud-ouest de la France. Une fois en zone libre, ils doivent aller à **4**.......... pour prendre train qui les conduit à **5**.......... . Malheureusement, les deux jeunes enfants doivent quitter **6**.......... avec leurs deux frères pour que ceux-ci échappent au STO. Ils décident donc de rejoindre leurs parents qui sont désormais à **7**.......... après avoir été détenus dans un camp de transit à **8**.......... . La famille Joffo est alors de nouveau réunie et ils passent de moments agréables ensemble. Mais bientôt les Allemands installent leurs Quartiers Généraux dans l'hôtel Excelsior à **9**.......... , alors les Joffo sont de nouveau contraints de se séparer. Maurice et Joseph se rendent à **10**.......... dans un camp pro-militaire où ils sont accueillis par Subinagui.*

5 Mettez les verbes du résumé de l'activité 4 au passé, soit à l'imparfait soit au passé composé.

Résumé des chapitres

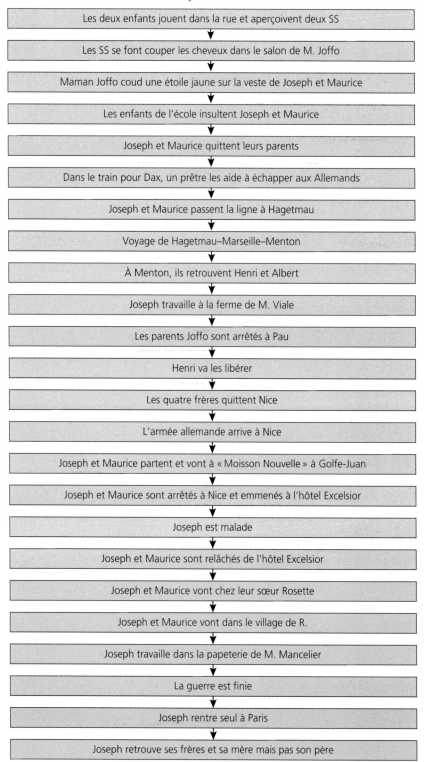

Les deux enfants jouent dans la rue et aperçoivent deux SS

↓

Les SS se font couper les cheveux dans le salon de M. Joffo

↓

Maman Joffo coud une étoile jaune sur la veste de Joseph et Maurice

↓

Les enfants de l'école insultent Joseph et Maurice

↓

Joseph et Maurice quittent leurs parents

↓

Dans le train pour Dax, un prêtre les aide à échapper aux Allemands

↓

Joseph et Maurice passent la ligne à Hagetmau

↓

Voyage de Hagetmau–Marseille–Menton

↓

À Menton, ils retrouvent Henri et Albert

↓

Joseph travaille à la ferme de M. Viale

↓

Les parents Joffo sont arrêtés à Pau

↓

Henri va les libérer

↓

Les quatre frères quittent Nice

↓

L'armée allemande arrive à Nice

↓

Joseph et Maurice partent et vont à « Moisson Nouvelle » à Golfe-Juan

↓

Joseph et Maurice sont arrêtés à Nice et emmenés à l'hôtel Excelsior

↓

Joseph est malade

↓

Joseph et Maurice sont relâchés de l'hôtel Excelsior

↓

Joseph et Maurice vont chez leur sœur Rosette

↓

Joseph et Maurice vont dans le village de R.

↓

Joseph travaille dans la papeterie de M. Mancelier

↓

La guerre est finie

↓

Joseph rentre seul à Paris

↓

Joseph retrouve ses frères et sa mère mais pas son père

Vocabulaire

l'ambiance (f) atmosphere

apeuré(e) scared

s'apprêter to get ready

arriver à faire quelque chose to manage to do something

avouer to admit

le bistrot café

bondé(e) packed

la bonté goodness

la calèche horse-drawn carriage

c'est votre tour it's your turn

la chasse hunt

en chemin en route/during the journey

circoncis circumcised

le (la) coiffeur (-euse) hairdresser

la combine scheme, racket

le (la) commerçant(e) shop keeper

le comte count, earl

coudre to sew

la croix gammée swastika (Nazi emblem)

le débarquement landing

se débrouiller to cope

déchirant(e) harrowing

déporté(e) deported

durcir to get tougher

échanger to swap

l'écharpe (f) scarf

s'émerveiller to be amazed by

s'enfuir to escape, to flee

l'enseigne (f) sign

l'épreuve (m) ordeal

s'étonner to be astonished

faire confiance à to trust

faire payer to charge

se faire aider to be helped

se faire arrêter to be arrested

se faire interroger to be interrogated

se faire de l'argent to earn money

faire sauter to destroy

se faufiler to sneak in

forger to forge

le franc franc (currency used in France at the time)

franchir to cross over

fusiller to shoot

franchir to cross

les gendarmes members of the police

le gibier game

le hameau hamlet

l'interrogatoire (m) interrogation

libéré(e) freed

libre free

le(s) mal (maux) de tête headache(s)

se méfier to be wary about

mentir to lie

la Milice French police supporting the Gestapo

la musette satchel

les osselets jacks (a game played with five small bone-shaped objects or stones)

la paix peace

parvenir à faire quelque chose to manage to do something

le (la) passeur (-euse) person who helped people to cross over to the free zone

la papeterie bookshop

piéger to trap

prendre la route to set off, to be on the road

le quartier général headquarters

rejoindre to reach

relâché(e) released, set free

réquisitionner to requisition

ressortir to go out again

se rétablir to get better

la ruse craftiness

sain et sauf safe and sound

le souci worry

le stratagème plan

subir to undergo, to suffer

susciter to provoke

sympathiser avec to get on well with

tomber dans un piège to fall into a trap

tomber malade to fall ill

la tenacité tenacity

tendre un piège to set a trap

vénérer to venerate, to worship

la vitre shop window

le youd slang word for a Jewish person

In *Un sac de billes* we find the following main themes:

- *l'enfance* (childhood)
- *la perte de l'innocence* (loss of innocence)
- *la guerre et l'antisémitisme* (war and antisemitism)
- *l'espoir* (hope)

Other secondary ideas such as memories, family, friendship, freedom and fear are also included.

L'enfance

Ce roman raconte l'enfance de Joseph Joffo pendant la guerre et le titre, faisant référence au jeu de billes, expose bien ce thème de l'enfance. Joffo n'a pas écrit un livre d'histoire sur la guerre mais a voulu se concentrer sur les souvenirs de ses jeunes années.

L'enfance se caractérise notamment par l'ignorance, l'innocence et le jeu, et ces aspects sont bien présents dans le roman.

▲ Joseph Joffo, l'auteur, regarde des enfants qui jouent aux billes

L'innocence et la naïveté

Tout d'abord, ce qui frappe le lecteur c'est l'innocence de Joseph, surtout en ce qui concerne la situation des juifs. Il se demande par exemple « Juif. Qu'est-ce que ça veut dire d'abord ? »

De plus, d'autres enfants ne savent pas trop ce qui se passe vraiment comme Zérati, qui échange un sac de billes contre l'étoile de Joseph. Pour Zérati, l'étoile est comme une médaille qu'il veut porter. « ...**t'as** vachement **du pot**, ça fait chouette », dit-il à Joseph. Joseph est vraiment surpris par la réaction des autres par rapport à cette étoile. Le meilleur exemple de cette naïveté est sans doute quand Joseph et chez sa sœur Rosette et il se dit « Peut-être ai-je cru jusqu'à présent me sortir indemne de cette guerre ».

→

GRADE *BOOSTER*

Some themes are more important than others. It is important to identify which are the main ones and which are the secondary ones.

Key quotation

Juif. Qu'est-ce que ça veut dire d'abord ? C'est quoi, un Juif ?
[Chapitre III]

avoir du pot to be lucky/jammy

espiègle playful

se taquiner to tease
one another

perturber to disturb,
to trouble

les farces (f) practical
jokes

Le jeu

Bien que nous soyons en temps de guerre, Joseph et Maurice restent des enfants et nous les voyons **espiègles**, jouer et **se taquiner** comme tout enfant de leur âge. La guerre, à certains moments, ne semble ni les arrêter dans leur jeu ni les **perturber**. Par exemple, à Marseille ils vont au cinéma et font un petit tour de bateau, à Menton ils s'amusent sur la plage, ils font des parties d'osselets avec Virgilio et des **farces** le 1er avril. À certains moments on pourrait oublier que l'action se passe dans un contexte de guerre.

TASK

1 Lisez le passage à l'école à Paris et identifiez ce qui souligne l'innocence de Joseph.

The two boys spend 3 years of their childhood mostly separated from their parents and siblings. Even though they are reunited at times, their time together is short lived. The Joffos are a close family and on numerous occasions throughout the book Joseph shares his fond memories of his childhood with his family. Joseph and Maurice also have to leave their friends behind. They make new ones along the way but have to leave them too.

La perte de l'innocence

coudre (cousu(e))
to sew (sewn)

Un autre thème très présent dans le roman est la fragilité de l'innocence et sa destruction. En effet, dès que l'étoile de Joseph est **cousue** sur sa veste, on comprend que c'est la fin de son enfance. Comme Joseph Joffo le dit, c'est une enfance assez courte qu'il a eue. Quand Joseph parle de son père au chapitre II, il dit « de tous mes souvenirs d'enfance, et on verra qu'elle fut courte » et à son départ pour la gare d'Austerlitz, Joffo écrit : « C'en était fait de l'enfance ».

Le passage forcé au monde adulte

subvenir à leurs besoins to support themselves

se débrouiller
to cope, to manage

le combine scheme, racket

le mensonge lying; lie

mentir to lie

se méfier to be wary of

l'angoisse (f) anxiety, fear

être sur le qui-vive
to be on the alert

le piège trap

L'antisémitisme force les deux enfants à s'enfuir et c'est cette situation qui fait soudainement grandir les enfants. Les enfants sont juifs et doivent fuir la persécution nazie. À leur jeune âge, les enfants doivent **subvenir à leurs besoins** et **se débrouiller** seuls. Maurice et Joseph vont alors prendre part au marché noir et faire de nombreuses **combines**. Ils doivent également réfléchir différemment pour rester en vie, situation que la plupart des enfants de leur âge ne connaissent pas.

Le mensonge et la peur

Les enfants doivent **mentir** et il est impératif, comme leur a dit leur père, qu'ils n'avouent jamais qu'ils sont juifs. Ils doivent échapper à la déportation. De plus, la délation était très courante en temps de guerre et les enfants doivent **se méfier** des collaborateurs qui dénoncent les juifs aux Allemands. C'est une **angoisse** perpétuelle qui accompagne les enfants tout au long de leurs périples à travers la France. Ils doivent **être sur le qui-vive** et éviter les dangers que représentent certaines personnes ou certaines situations, comme le **piège** à l'hôtel Excelsior.

TASKS

2 Lisez le passage quand Joseph et Maurice sont à la gare à Paris et identifiez ce qui montre que les enfants doivent réfléchir à leurs actions.
3 Lisez le passage quand Joseph et Maurice rencontrent Raymond à Hagetmau et identifiez ce qui montre que les enfants doivent toujours être sur le qui-vive.

Build critical skills

1 Lisez le passage quand Joseph est à la gare Saint-Charles à Marseille et identifiez les sentiments qu'il ressent.
2 Analysez la dernière ligne du roman. Que comprenons sur le personnage de Joseph ?

Maurice and Joseph travel on their own through France and have to fend for themselves. Yet, although they are free from parental control, as Jewish boys, their freedom is very limited in Occupied France.

Un sac de billes can be described as a coming-of-age story given the development of its main character. By the end of the novel Joseph has changed. His innocent world has been invaded by the brutality of the world at large, he has had to learn fast and grow up very quickly.

Key quotation

Ils ne m'ont pas pris ma vie, ils ont peut-être fait pire, ils me volent mon enfance, ils ont tué en moi l'enfant que je pouvais être.
[Chapitre X]

GRADE *BOOSTER*

It is important to give specific evidence when you express your ideas. You can cite words, whole quotations or make references to particular moments in the novel. Note how the ideas in this guide are always supported by evidence.

La guerre ✓

Un sac de billes est sans aucun doute un roman qui parle de la guerre et plus particulièrement de la France sous l'Occupation allemande pendant la Seconde Guerre mondiale et la persécution du peuple juif.

La vie en temps de guerre

Le livre présente d'une façon très réaliste la **vie quotidienne** en temps de guerre et sous la dominance de l'armée allemande.

De nombreux passages **dépeignent** les conditions de vie pendant la guerre, telles que le rationnement, les pénuries, la **délation** et les biscuits vitaminés à l'école.

La présence de l'armée allemande est aussi bien représentée tout au long du roman avec les SS et la Gestapo. Il ne faut pas oublier toutes les autres références à la guerre comme la Résistance, le Maquis, les camps, les **rafles**, les contrôles de papier et la **ligne de démarcation**.

↗ Sentence starter

la vie quotidienne everyday life
dépeindre to depict
la délation informing
le rafle round-up
la ligne de démarcation demarcation line (between free and occupied France)

Build critical skills

3 Lisez le passage quand Joseph et Maurice sont à Marseille et parlent avec un « faux marin ». Analysez ce que veut dire « il voulait savoir ce qui se passait là-bas ».

la bagarre fight

Drancy name of a concentration camp

poignant(e) heart-breaking

la traque hunt

sans relâche relentless

Task

4 Lisez le passage quand Joseph et Maurice sont à Marseille et parlent avec un « faux marin ». Identifiez ce qui souligne les privations de la guerre.

La persécution du peuple juif

Ce roman traite de l'Holocauste et comme tout roman de ce genre, il aborde les mêmes thèmes avec la persécution du peuple juif, l'antisémitisme, la déportation et les camps de concentration. De nombreux passages illustrent cette persécution, comme la **bagarre** et les insultes à l'école, celui du contrôle de papier dans le train de Dax ou celui de la rafle de Pau. Et bien sûr, le passage décrivant l'hôtel Excelsior avec les juifs qui attendaient chaque vendredi d'être déportés à **Drancy**. C'est avec une description **poignante** d'un couple juif que Joseph commence le chapitre sur l'hôtel Excelsior. La peur est partout et la **traque** est **sans relâche**.

La propagande antisémite est aussi bien présente comme la référence à l'affiche de propagande près de chez Joseph.

0033284   WORLD WAR II: ANTI-SEMITIC POSTER.
Credit: The Granger Collection, New York

▲ Affiche de propagande antisémite

TASK

5 Lisez le passage quand Ambroise Mancelier est arrêté et identifiez des exemples de l'antisémitisme.

Build critical skills

4 Lisez la description de l'affiche de propagande et analysez les messages.

It is important to remember that Joseph is telling the story through his eyes, as a young boy. The depiction of the war is sometimes frivolous; at times we forget about the atrocity of war as the events focus so much on children and their games. Then, suddenly, we are reminded that they are in occupied France. For instance, at the start of the book, on his way back from school two SS officers appear. Later on, after having had a wonderful time on the farm with the Viale couple, Joseph finds out that his parents have been arrested. The themes of childhood and war clash. *La musette*, Joseph's satchel, is regularly mentioned throughout the novel — it is like a companion during his journey but it is also as a reminder that they boys are on the move again.

TASK

6 Lisez le passage quand Joseph apprend que ses parents viennent d'être arrêtés. Identifiez ce qui montre que les thèmes de l'enfance et de la guerre sont liés.

L'espoir

Bien que la réalité de guerre soit **impitoyable**, on peut tout de même s'apercevoir que le thème de l'espoir est aussi au cœur de cette histoire.

Un regard innocent et naïf

Il ne faut pas oublier que cette histoire est l'histoire de deux enfants et qu'elle est racontée principalement à travers le regard du jeune Joseph. Ce regard innocent et naïf **atténue** à certains moments la cruauté de la guerre pour se concentrer sur les aspects positifs des **périples** des deux enfants. Le lecteur parvient parfois à oublier ce contexte de guerre. C'est un sentiment optimiste, que tout va bien se passer, qui apparait de temps à autres. Par exemple, après être arrivé à Menton, Joseph s'exclame « cette fois-ci liberté » ou quand il dit qu'il « avait tout oublié » chez les Viale. À « Moisson Nouvelle » c'est « trois semaines merveilleuses » que Joseph a passées.

➔

Key quotation

« *C'est la chasse qui est réouverte, alors il faut repartir et se cacher…* »
[Papa Joffo, Chapitre III]

impitoyable ruthless

atténuer to reduce
le périple journey

la bonté goodness

Papa Joffo

Papa Joffo est avant tout un homme très optimiste. Il ne doute à aucun moment qu'il retrouvera ses enfants, que la famille sera réunie et qu'ils survivront cette persécution nazie. Tout au long du roman Papa Joffo transmet de l'optimiste à ses enfants. Lors de leur départ, c'est un « à bientôt les enfants » qu'il leur lance et un « ce n'est pas à un vieux singe que l'on apprend à faire les grimaces ». Malheureusement, Papa Joffo succombera aux Allemands.

La Résistance et les Justes

Grâce à l'hommage aux gens qui ont risqué leur vie pour sauver les juifs, Joffo lance un cri d'espoir. Malgré la cruauté exercée par certaines personnes, il souligne **la bonté** de l'Homme.

In his novel, Joffo recounts many happy memories of his childhood and his journey through France accompanied with his brother despite the horror of wartime. Joseph came into contact with various people along the way, without whom he would not have survived the war: the priest on the train to Dax, the German doctor and the young girl in the hotel, the Colonel who helped free Joseph's parents and many others. Joffo ends his epilogue with 'Ces choses-là ne se reproduiront plus, plus jamais' and expresses the desire that his son will never go through what he did.

Key quotation

…Maurice comprit que Mgr Remond avait évité le départ pour Drancy à tous ceux qu'il avait pu.
[Chapitre IX]

TASK

7 Lisez le passage quand Joseph parle à son père au téléphone et identifiez ce qui montre l'optimisme de Papa Joffo.

1 Complétez le texte avec les mots de l'encadré. *la guerre l'enfance* ✓

1 Le premier chapitre annonce par exemple les thèmes de .... et de ....
2 De nombreux éléments de cette histoire, comme la délation et les contrôles de papier, exposent le thème de *la guerre /la peur* ✓
3 La perte de l'innocence est un thème très ~~présent~~ dans le roman. *présent* ✓
4 Le personnage de M. Mancelier illustre le thème de *l'espoir* × *l'antisémitisme*
5 Un thème majeur dans ce roman est celui de *la guerre* × *l'espoir*
6 Les enfants sont confrontés à un monde *cruel* ✓

la peur	la guerre	présent	l'enfance
l'espoir	cruel	l'antisémitisme	

2 Choisissez la fin de phrase correcte pour résumer quelques idées du roman.

1 On ne peut pas s'empêcher de penser qu'...
   (a) un des thèmes principaux est la pauvreté. ✗
   (b) un des thèmes principaux est l'antisémitisme.
   c le thème de la guerre n'est pas exploité efficacement.
2 En analysant les thèmes il faut se rappeler que...
   (a) c'est une autobiographie.
   b tous les thèmes sont atemporels. ✓
   c l'histoire est une histoire fictive.
3 Le thème de l'innocence perdue est exemplifié par...
   a le jeu.
   (b) la peur. ✓
   c l'école.
4 Nul ne pourrait nier que le roman traite...
   a de la Première Guerre mondiale.
   b de l'amour entre deux adultes. ✗
   (c) du thème de l'espoir.

3 Complétez les phrases suivantes en choisissant un exemple de la liste.

(1) l'armée allemande	(4) les souvenirs de jeu
(2) les gens qui aident les deux enfants	(5) les insultes contre les juifs
(3)	(6) l'âge des personnages principaux

1 Avec ...(4) (6)..., Joseph Joffo aborde le thème de l'enfance.
2 En mentionnant (2) ✓ Joseph introduit le thème de l'espoir.
3 ...(1).. suggère le thème de la guerre.
4 En utilisant à plusieurs reprises ...(5)..., Joseph Joffo aborde le thème de l'antisémitisme.
5 Avec ...(2) (4) Joseph Joffo aborde le thème de la naïveté.

4 Répondez aux questions ci-dessous sur les thèmes du roman en vous servant des débuts de phrases qui vous sont donnés.

  1 En quoi est-ce que l'étoile jaune est synonyme de la perte d'innocence ?
    On ne peut pas s'empêcher de remarquer que...

  2 Comment est-ce que le thème de la peur apparait dans le roman ?
    Le thème de la peur apparait avec...

  3 Comment peut-on expliquer la naïveté de Joseph ?
    On peut expliquer la naïveté de Joseph puisque...

  4 En quoi est-ce que ce roman est un roman sur l'enfance ?
    Nul ne pourrait nier que ce roman est un roman sur l'enfance puisque...

Thèmes

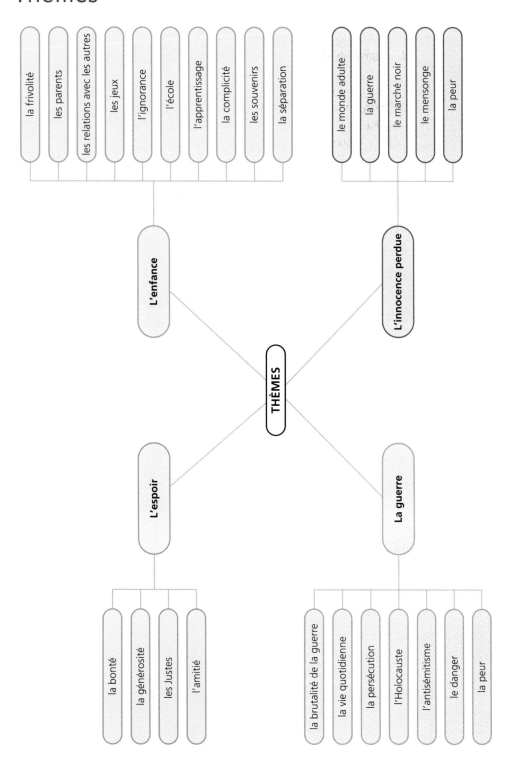

THÈMES

L'enfance
- la frivolité
- les parents
- les relations avec les autres
- les jeux
- l'ignorance
- l'école
- l'apprentissage
- la complicité
- les souvenirs
- la séparation

L'innocence perdue
- le monde adulte
- la guerre
- le marché noir
- le mensonge
- la peur

L'espoir
- la bonté
- la générosité
- les Justes
- l'amitié

La guerre
- la brutalité de la guerre
- la vie quotidienne
- la persécution
- l'Holocauste
- l'antisémitisme
- le danger
- la peur

Vocabulaire

accentuer to emphasise

l'apprentissage (m) learning

arrêter to arrest

l'amitié (f) friendship

l'angoisse (f) anxiety, fear

l'apprentissage (m) learning

avoir du pot to be lucky/jammy

avoir peur to be scared

la bagarre fight

se cacher to hide

la combine scheme, racket

se comporter to behave

la compréhension understanding

coudre to sew

se débrouiller to cope, to manage

la découverte discovery

découvrir to find out

la délation informing

dénoncer to denounce, to give someone up

dépeindre to depict

Drancy name of a concentration camp

efficace effective

l'enfance (f) childhood

l'ennemi (m) enemy

espiègle playful

l'espoir (m) hope

être sur le qui-vive to be on the alert

se faire arrêter to get arrested

se faire des amis to make friends

les farces (f) practical jokes

flagrant(e) obvious

frivole frivolous

la frivolité frivolity

fuir to run away

grandir to grow up

la guerre war

l'ignorance (f) ignorance

impitoyable ruthless

les jeux (m) games

la ligne de démarcation demarcation line (between free and occupied France)

le marché noir the black market

méfiant(e) wary

se méfier to be wary of

mentir to lie

le mensonge lying; lie

la peur fear

perdu(e) lost

la perte loss

perturber to disturb, to trouble

le piège trap

poignant(e) poignant, heartbreaking

le rafle round-up

la traque hunt

sans relâche relentless

séparé(e) separate

souligner to emphasise

se souvenir to remember

les souvenirs (m) memories

subvenir à leurs besoins to support themselves

se taquiner to tease one another

la vie quotidienne everyday life

The main characters are:
- Joseph (Joffo)
- Maurice (Joffo)

The secondary characters are:
- les parents Joffo
- Henri et Albert
- Rosette, la sœur de Joseph
- le clergé
- Subinagui
- M. Mancelier, le collabo
- les SS

We can see that individual characters represent typical groups of people. For instance, Joseph represents the Jewish people who were persecuted during the Second World War, the priests represents the people who helped Jewish people survive, and M. Mancelier, the Pétainists.

Les personnages principaux

TASK

1 Lisez le premier chapitre du roman et notez les personnages qui y sont introduits.

> ## Joseph Joffo
>
> ### Un jeune garçon
> Joseph n'a que 10 ans quand l'histoire commence et de ce fait, il est encore très jeune. On apprend qu'il est bon à l'école, qu'il aime bien **jouer aux billes** et **trainer** dehors avec ses copains. Il a tendance à pleurer facilement aussi, comme lorsqu'il perd au jeu de billes et quand il pense qu'il ne va pas recevoir son étoile jaune.
> Joseph est jeune et donc innocent. Il est au début de l'histoire très insouciant et ne pense qu'à une seule chose : s'amuser. Pour lui, partir avec son frère à travers la France est une grande aventure; il ne comprend pas tout de suite les dangers.
>
> ### Un enfant heureux
> Ce qui saute aux yeux c'est que Joseph a une enfance heureuse – « nous étions heureux dans ce quartier », dit-il au début du roman. Joseph, l'auteur, se souvient de son enfance à **gambader** dans les rues de son quartier et à jouer aux billes. De plus, malgré toutes les difficultés que Joseph et Maurice ont rencontrées pendant leurs **péripéties** à travers la France, c'est tout de même un sentiment de joie, un sentiment qu'ils gardent le moral, qui apparait tout au long de l'histoire. Les enfants continuent à s'amuser et à être des enfants.

jouer aux billes to play marbles

trainer to hang out with friends

gambader to run around

la péripétie adventure

Un enfant naïf

On s'aperçoit aussi qu'au début du roman, Joseph ne sait pas trop ce qui se passe autour de lui. En effet, il n'est pas très sûr de la signification de l'étoile jaune qu'il doit porter et de la signification d'être juif. Sa **naïveté** face à la situation des juifs en France est aussi montrée avec sa réaction à l'affiche de propagande allemande; Joseph ne comprend pas sa signification. Aussi, Joseph ne sait pas pourquoi ses frères sont partis.

Un garçon débrouillard

Au début du roman, on voit très bien que Joseph suit son grand frère et compte sur lui pendant leurs péripéties. Cependant, très vite Joseph va apprendre à se débrouiller. Par exemple, il va se faire emmener par le comte de V. dans sa calèche, à la gare de Marseille il échappe aux gendarmes et à R., il trafique des tickets de rationnement. À la fin du roman, il n'a plus besoin de son frère.

Build critical skills

1 Lisez la fin du chapitre X, « Grandi, durci, changé…je n'en aurais même pas supporté l'idée » et analysez les sentiments exprimés par Joseph.

Un garçon travailleur

Bien que Joseph n'ait que 10 ans quand il part de Paris, il n'hésite pas à travailler pour subvenir à ses besoins. Les deux frères font plusieurs petits **boulots** pendant leurs aventures à travers la France. En effet, Joseph travaille, par exemple, dans une ferme, dans les cuisines de l'hôtel Excelsior et dans la librairie de M. Mancellier.

This is an autobiography. The story is told through the eyes of Joseph as a young child but sometimes Joseph, the adult, adds his comments to the story.

Throughout his journey, Joseph changes both physically and mentally. Physically he is stronger, although he is thinner, but mentally he changes much more drastically. Several times towards the end of the novel Joseph expresses that he is no longer the child he was, and that his adventures have changed him irreversibly. Fear, violence and responsibility, have made him grow too quickly and stripped him of his childhood. It is only at the end of chapter X, on leaving

Key quotation

…gagner notre vie à notre âge était devenu un jeu suprême…
[Chapitre VI]

la naïveté naivety

débrouillard(e) resourceful, crafty

Key quotation

Mon étoile. Pour un sac de billes. Ce fut ma première affaire.
[Chapitre III]

le boulot job

Build critical skills

2 Lisez les premières lignes du chapitre IV et analysez ce qu'on apprend sur la relation entre les deux frères.

Key quotation

Ils ne m'ont pas pris ma vie, ils ont peut-être fait pire, ils me volent mon enfance, ils ont tué en moi l'enfant que je pouvais être.

[Chapitre X]

his sister's house, that Joseph realises what has really happened. In a few lines he expresses how are the Germans are responsible for killing the child in him. Joseph is now 12 but he has lost his innocence.

GRADE *BOOSTER*

Always analyse how characters evolve and change. Ask yourself how they have changed and what the reasons are.

Maurice Joffo
Le grand frère

Maurice est plus âgé que Joseph ; il a 12 ans au début de l'histoire. On voit très bien qu'il prend son rôle de grand très au sérieux et qu'il devient le protecteur de son petit frère pendant leur périple dans le sud de la France. Par exemple, il devient passeur pour pouvoir subvenir à leurs besoins et va chercher des certificats de communion; il va, à de nombreuses reprises, lui sauver la vie.

Un garçon rusé

rusé(e) crafty, cunning
la ruse craftiness

Une des qualités de Maurice est la **ruse**. Il pense, par exemple, au stratagème qui va plus tard les sauver des Allemands : il pratique avec Maurice un scénario au cas où les deux frères seraient interrogés séparément. Il faut absolument avoir la même histoire. À de nombreuses reprises on voit comment il **trompe** les Allemands, par exemple avec les certificats de communion, et comment il essaie de gagner de l'argent avec de nombreuses combines. Par exemple, à Nice, Maurice et son frère font des petites combines avec les soldats italiens.

tromper to deceive, to trick

Un garçon courageux

Afin de pouvoir survivre, Maurice ne va pas hésiter à travailler pendant leur périple : il travaille comme passeur, boulanger et restaurateur. Dans le village d'Hagetmau, il n'hésite pas à passer la nuit à aider des juifs à aller en zone libre.

At the start of the novel Maurice is very much present and it is obvious that he is the older of the two boys who enjoys teasing his little brother. Maurice takes his brother under his protective wing and reminds him often of what to do or not to do. At the start of their journey through France the two brothers are always together, but as the story unfolds they become less dependent on each other; Maurice does not really need to carry on looking out for Joseph, they can both take care of themselves. On their return to Paris at the end of the novel, it is clear that Joseph does not need Maurice any more. Joseph boards the train on his own, pretending now that he is the older brother of a younger child: 'J'ai mon petit frère là-bas'. By the end of the story Maurice, now 'le gars Maurice', as cunning as ever has managed to cut a deal to return to Paris in a car.

TASK

4 Lisez le passage du jeu de billes au début du roman et notez ce qui souligne que Maurice est le plus dominant des deux frères.

Joseph and Maurice

▲ Joseph et son frère Maurice vont à l'école au début de l'histoire

As with any siblings, we can see that the two brothers bicker a lot throughout their journey and at times we can feel that Joseph is annoyed by his brother's attitude: 'Faut pas qu'il croie que c'est parce qu'il a ces foutus vingt-quatre mois en plus qu'il va me faire la loi.' At Marseilles station Joseph expresses the tendency they have to argue: 'Nous nous engueulons une bonne minute…nous nous sommes toujours sentis mieux après.'

Key quotation

« Arrête de chialer… quand tu regardes de l'autre côté, je sais que tu chiales. »

[Maurice, chapitre I]

Always try to find two sides to a character.

Dès que maman n'a plus jugé nécessaire d'avoir mon berceau près d'elle, nous avons, Maurice et moi, partagé la même chambre. Et il s'est toujours produit un étrange phénomène...

[Chapitre V]

Yet, despite these quarrels, the brothers are very close. Joseph illustrates this when he reminisces about sharing his bedroom with his brother. In Chapter V, as he is about to fall asleep on the hay in a barn, Joseph remembers how he always felt his brother's absence in the night, 'un étrange phénomène'.

Their journey through France makes their bond still tighter and this bond is what helps them both to survive their ordeal. They rely on each other, even though, at the start, Maurice is the leader, the protector. They do not need to speak to communicate. They understand each other and, at times, it feels like they are one.

GRADE *BOOSTER*

Relations between characters are very important and often bring out other details about the characters in question.

Les personnages secondaires

Papa Joffo

Papa Joffo est coiffeur depuis de nombreuses années dans le quartier de la Porte de Clignancourt à Paris. Le père Joffo est très **fier** de ce qu'il a accompli à Paris. Il a débuté avec rien et a réussi à établir un salon de coiffeur. Pour Joseph, il est « le roi de la rue ». Il est aussi très fier d'avoir réussi à échapper aux Russes. Papa Joffo est très optimiste et ne doute pas que toutes les aventures vont bien se passer. Par exemple, il pense qu'il va pouvoir échapper à la persécution, mais malheureusement il **succombe** aux Allemands.

Le héros

Joseph aussi parle de son père comme un héros quand il parle de ses propres aventures quand il a **fui** la Russie pour venir en France. Comme ses enfants, il a voyagé seul très jeune, à l'âge de 7 ans, pour échapper à l'oppression du tsar russe.

fier (fière) proud

succomber to succumb

fuir to flee

3 Comme leur père, Maurice et Joseph doivent partir seuls et se débrouiller. Comment pourriez-vous expliquer cette similarité ?

TASKS

5 Lisez le passage quand Papa Joffo dit à ses fils qu'ils vont devoir partir et identifiez ce qui souligne qu'il est fier de ce qu'il a fait.
6 Lisez les derniers paragraphes du roman et identifiez ce qui montre que le père Joffo a succombé aux Allemands.

Like any father, Papa Joffo would do anything to protect his children. It is hard to understand now Papa Joffo's decision to send his children to the south of France on their own, but the boys had to escape the growing persecution. Papa Joffo is a loving father: the boys fondly remember the bedtime stories that their father used to read to them. They had a very happy childhood and on many occasions later in the book we see how caring Papa Joffo is. Joseph Joffo mentions that later in his life he learned that the evening he and his brother left the family home, his father was very sad that he had had to make them escape on their own.

Maman Joffo

Maman Joffo apparait comme une mère très **attentionnée** envers ses enfants, mais la guerre la force à se séparer d'eux. à plusieurs reprises Tout comme son mari, Maman Joffo a dû fuir la Russie et venir en France. C'est à Paris qu'elle a rencontré son mari.

Le jour du départ de ses deux jeunes fils, on ressent très bien son amour maternel et sa grande tristesse. Malheureusement, elle doit les laisser partir.

Elle s'enfuit par la suite avec son mari et ils sont arrêtés par les Allemands pendant leur voyage vers Pau. Une fois délivrés, les parents s'installent à Nice. On retrouve la mère et Henri et Albert à la fin du roman, mais malheureusement le père n'est pas avec eux.

attentionné(e) caring

TASK

7 Lisez le départ des enfants et identifiez ce qui montre que Maman Joffo est une mère attentionnée.

Build critical skills

4 Lisez le départ de Joseph et Maurice et analysez l'attitude de leurs parents.

Henri, Albert et Rosette

Henri et Albert sont plus âgés que Maurice et Joseph et Henri est l'**aîné** des enfants. On apprend que, comme leur père, Henri et Albert sont coiffeurs. Ils sont en zone libre à Menton et Maurice et Joseph vont chez eux.

Tout au long de l'histoire, ils agissent comme des protecteurs pour leurs petits frères, surtout quand les deux jeunes enfants arrivent chez eux à Menton.

On voit très bien que c'est une famille assez **soudée**. Henri par exemple n'hésite pas à aller à Pau pour tenter de libérer ses parents pendant qu'Albert continue à travailler pour gagner de l'argent. Les deux frères apparaissent aussi très débrouillards, puisque, **où qu'ils soient**, ils **arrivent** toujours **à** travailler et réussissent aussi à **passer entre les mailles du filet**.

l'aîné(e) the eldest

soudé(e) united
où qu'ils soient wherever they are
arriver à to manage
passer entre les mailles du filet to slip through the net

It is interesting to note that the Joffos are always in pairs and this is not insignificant. According to their father, this method works well ('Nous partons deux par deux') and they must stay in pairs when they separate. We see the following pairs of characters on the road: Maurice and Joseph, Albert and Henri and the parents.

The exception is the sister Rosette, who lives with her husband in the south of France. In chapter X Joseph and Maurice visit them but only for a short time as Rosette is worried that informers in the village could give up the boys to

5 Quel aspect de la vie quotidienne des juifs en France pendant la guerre est-ce que l'épisode chez Rosette expose ?

the German army so she urges the boys to leave and go to Aix-les-Bains. Even though we do not get to know much about her, she is another caring member of the family. She sends them on their way with clothes and provisions.

> **TASK**
>
> 8 Lisez les deux phrases dans le chapitre X quand Joseph arrive chez Rosette et notez ce qui souligne sa personnalité.

Subinagui

Subinagui est le directeur de « Moisson Nouvelle », un camp soi-disant pro-Vichy qui abrite en réalité des enfants juifs. Subinagui est un personnage très sympathique qui aide les deux frères. Il va les aider à obtenir des certificats de communion et il vient les chercher quand ils sont relâchés de l'hôtel Excelsior.

Le clergé

À de nombreuses reprises Joseph parle des membres du clergé qui les ont aidés, son frère et lui, à échapper à la persécution nazie. Tout d'abord c'est le prêtre dans le train pour Dax, puis Monseigneur Remond et le Curé de la Buffa qui interviennent pour aider les deux enfants.
À travers ces références Joseph Joffo, l'auteur, veut **rendre hommage** aux membres clergé qui, pendant la guerre, ont risqué leur vie pour aider les enfants juifs.

rendre hommage to pay homage

…Maurice comprit que Mgr Remond avait évité le départ pour Drancy à tous ceux qu'il avait pu.
[Chapitre IX]

It is interesting to note that, despite the young brothers' 3-year ordeal, Joseph Joffo does not focus too much on the atrocity of the war but rather on the people who helped them along the way, most notably the priests, but also the waitresses in the restaurants, the Comte de V., who gave them a lift on his carriage, the boy in Hagetmau and the Jewish nurse in the Hotel Excelsior and M. Viale who both welcomes Joseph into his home and gives him a job. The boys always find someone to help them on their way. Joseph Joffo gives homage to all these people without whom the boys may not have survived. All of these characters represent the *Justes de France*, those who risked their lives in the war to help the Jewish people escape Nazi persecution.

▲ Le Comte de V., l'une des personnes qui aident les garçons en les emmenant à Aire-sur-l'Adour en calèche

> ### M. Mancelier, le collabo
> Ambroise Mancelier est avant tout un pro-Vichy et un « collabo ». Il est le propriétaire d'une librairie-papeterie dans laquelle Joseph travaille. Il est pour Pétain et soutient la collaboration avec l'Allemagne. M. Mancelier « vénère le maréchal » et on apprend beaucoup sur son passé de militaire. Ambroise Mancelier détestent les juifs.

It is interesting to consider Mr Mancelier's arrest at the end of the book; thanks to Joseph, a Jewish boy, he is saved — 'c'est que c'est un youpin qui va sauver ta peau'. Mr Mancelier is an anti-Semite but without knowing it, he allows a Jewish boy to live under his roof with his family and employs him in his bookshop. He was always very vocal about his beliefs and did not hide his views of Jewish people. When Mr Mancelier is arrested Joseph reminds us of what he had to listen to whilst living with the Mancelier family such as 'la racaille youpine' or 'quand on en aura supprimé une moitié, ça fera réfléchir l'autre'. Despite Mr Mancelier's aversion to Jewish people, a friendly relationship develops between Joseph and Mr Mancelier. Joseph was able for all that time to hide the fact that he was Jewish.

Les SS

> Les SS sont présents dès le premier chapitre du livre. Pour Joseph l'armée allemande était l'ennemi et elle exerçait la terreur sur la population. Cette peur que la Gestapo imposait est ressentie tout au long du roman.

Key quotation

J'ai l'impression que depuis deux mois, il a commencé à me prendre en amitié. Il est vrai que je n'ai rien à voir avec la race maudite, comme chacun sait.

[Chapitre XI]

Build critical skills

6 En quoi est-ce que la relation amicale entre M. Mancelier et Joseph peut être considérée comme surprenante ?

1 Écrivez trois adjectifs pour décrire les personnages suivants :
   1 Joseph
   2 Maurice
   3 Papa Joffo
   4 Rosette
   5 Ambroise Mancelier
   6 Mlle Hauser

2 Écrivez une phrase présentant deux aspects différents de la personnalité de Maurice et Joseph.

   Exemple de phrases :

   D'un côté, on s'aperçoit que .... est ...., cependant de l'autre côté, on peut aussi la/le considérer comme ....

   Bien que, d'un côté, ... soit .... de l'autre côté, il apparait également ....

GRADE BOOSTER

Ensure that you use a varied and rich language in your answers. Adjectives are a good way to embellish your French.

3 Écrivez un adjectif pour chaque personnage dans les extraits suivants. Servez-vous du vocabulaire de la page 64.
   1 Dans les premières pages du roman, Joseph nous apparait ....
   2 Dans le premier chapitre, on se rend compte que Maurice est ....
   3 À Hagetmau, on s'aperçoit que Maurice est un garçon assez ....
   4 Comme Joseph n'hésite pas à trouver du travail pour gagner de l'argent, on peut dire qu'il est ....
   5 Le prêtre que Joseph et Maurice rencontrent dans le train pour Dax est ....
   6 Dès leur arrivée à « Moisson Nouvelle », on voit que Subinagui est un homme ....

GRADE BOOSTER

Remember to give concrete examples to support your arguments. Do not use examples on their own.

4 Répondez aux questions suivantes en français :
   1 Donnez deux éléments qui nous montrent que Joseph est assez naïf.
   2 Donnez deux aspects qui caractérisent le côté débrouillard des jeunes frères Joffo.
   3 En quoi est-ce que Joseph est différent au début et à la fin du livre ?
   4 Qu'est-ce qui a fait grandir Joseph pendant son périple ? Donnez deux aspects.
   5 Donnez trois personnages qui ont aidé Joseph et Maurice pendant leurs tribulations.
   6 Pourquoi est-ce que Joseph Joffo fait référence à tant de personnes qui les ont aidés ?
   7 Comment peut-on décrire la relation entre Joseph et Maurice ?
   8 Que représente M. Mancelier ?

Personnages

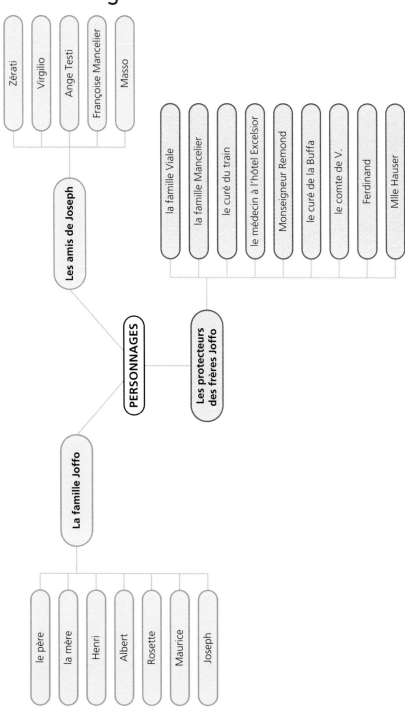

Les amis de Joseph
- Zérati
- Virgilio
- Ange Testi
- Françoise Mancelier
- Masso

PERSONNAGES

Les protecteurs des frères Joffo
- la famille Viale
- la famille Mancelier
- le curé du train
- le médecin à l'hôtel Excelsior
- Monseigneur Remond
- le curé de la Buffa
- le comte de V.
- Ferdinand
- Mlle Hauser

La famille Joffo
- le père
- la mère
- Henri
- Albert
- Rosette
- Maurice
- Joseph

Vocabulaire

attentionné(e) caring

avoir l'air to look like, to be like

chaleureux (-euse) friendly, cordial

débrouillard(e) crafty, resourceful

se débrouiller to manage

échapper à to escape

enfantin(e) childish

être livré(e) à soi-même to be left to your own devices

évoluer to change

fier (fière) proud

fuir to flee

gambader to run around

jouer aux billes to play marbles

mentir to lie

mesquin(e) mean

le mensonge lie

la naïveté naivety

où qu'ils soient wherever they are

passer entre les mailles du filet to slip through the net

la péripétie adventure

le périple journey

protecteur (-trice) caring, protective

rendre hommage to pay hommage

la ruse craftiness, trickery

rusé(e) cunning, crafty

ruser quelqu'un to trick someone

séparé(e) separated

sembler to seem like

soudé(e) united

succomber to succumb

trainer to hang out with friends

traqué(e) tracked own

travailleur (-euse) hardworking

tromper to deceive, to trick

volé(e) robbed

Thirty years after the events took place, Joseph Joffo decided to write *Un sac de billes* in order to share his **memories** of what happened to him in the Second World War. His writing techniques bring his story to life. As Joseph Joffo mentions in his **foreword**, his aim was not to be an historian but simply to recount his story.

memories
les souvenirs (*m*)
foreword la préface

La structure de l'intrigue

Une structure linéaire

The structure of the book is simple and easy to follow. It is a **linear story** that follows Joseph's journey through France with his brother, from 1941 to 1944. Throughout the book we can identify **chronological references**, for instance 'Porte de Clignancourt 1941', 'les vacances et le mois d'août', 'fin d'année 1943', 'Noël 1943' et '8 juillet 1944'.

We also know that, at the start of the book, Joseph is 10 and at the end of the book, we read that he has been gone for 3 years ('trois ans plus tôt').

The book is divided into 11 chapters and each one concentrates on one important episode in his journey. In chapter 1, for instance, the reader sees where he lives and is introduced to his family and in chapter II he outlines the background and reasons for setting off on his journey to the south of France. The chapters help build and maintain the **momentum** of the story.

Even though the plot is chronological and detailed, there are several **leaps in time** and **omissions**, especially between chapters. There are two ways of considering these lapses: it could be a deliberate and stylistic choice of Joseph Joffo in order to move the plot on, but it could also be that he does not remember everything that happened. We need to keep in mind that he wrote this autobiographical account about 30 years after the events took place. He even mentions at times that he does not remember much about a particular event, like the meal before his departure from the family home: 'Je ne me souviens plus du repas, il me reste simplement des sons…'.

It is also interesting to notice that Joseph's journey is like a rollercoaster, with calm and happy moments followed by heart-pounding events. When Joseph is hopeful, something good happens. He manages to escape from bad situations and moves on. Whenever Joseph is about to set off on another journey his satchel is there; it represents his adventures.

Build critical skills

1 Pourquoi, selon vous, est-ce que Joseph Joffo a choisi le titre *Un sac de billes* pour son roman ?

linear story
la structure linéaire
chronological reference la référence chronlogique
momentum
le dynamisme
leap in time le saut dans le temps
omission l'omission (*f*)

GRADE *BOOSTER*

Always use evidence from the book to illustrate your ideas. The evidence can be a direct quote, a reference to an event in the book or a chapter.

TASKS
1 Lisez les chapitres V et VI et donnez un titre à chacun.
2 Lisez la fin du chapitre IV et le début du chapitre V. Quelle est l'omission qui est faite ici ?

Les éléments stylistiques

La focalisation interne et la première personne du singulier

This is the story of young Joseph and the style it is written in invites us to accompany him on his journey through France. We must remember that Joseph Joffo, the author, wanted to write about his memories of the war, not as an adult writing about the past, but as a child writing in the present. The story is told through the eyes of a young boy.

Les deux « je »

At times, even though the story is meant to be narrated by young Joseph, Joseph the author, intervenes and expresses his views or adds comments. For instance, when Joseph describes where he lives, Joseph Joffo gives his views on children's play areas ('Aujourd'hui, ça m'étonne toujours…') or a few pages on, when Joffo says: 'De tous mes souvenirs d'enfance, mais on verra qu'elle fut courte, voici l'un des meilleurs.'

TASK

3 Lisez la première page du roman et identifiez les éléments de la focalisation interne.

Build critical skills

2 Lisez la fin du chapitre III (« Quant à mes parents…C'en était fait de l'enfance ») et identifiez qui parle. Est-ce Joseph l'enfant ou Joseph l'adulte ? Pourquoi ?

Les temps du récit

It is important to consider the meaning of the different tenses used by Joseph Joffo, particularly the present and the past historic.

Le présent

Even though the story recounts past actions, Joseph Joffo uses the present tense when young Joseph tells us what is happening. This brings the action closer to the readers by making the story more immediate.

Even Joseph says it himself when he describes his experience in a church: 'Le présent…celui où l'on vit les choses comme elles arrivent, elles sont neuves encore et vivantes, c'est le temps de l'enfance…'.

TASK

4 Lisez le début du chapitre III et identifiez le temps utilisé.

Le passé simple

The past historic is a past tense used in preference to the perfect tense in written French, especially in literature and newspaper articles. The past historic is also known as the formal narrative past tense. In more recent French literature, however, the perfect tense has been replacing the past historic.

Common forms are *ce fut* (it was), *nous allâmes* (we went), and *je fis* (I did).

The past historic is used when the author makes complementary comments to the young Joseph's description of the events; indeed, a young boy would not use the past historic.

Build critical skills

3 Lisez le début du chapitre VI « Je ne me souviens… aller et venir à leur guise » et analysez l'emploi du passé simple.

La syntaxe

Les phrases courtes et longues

Again, through the **syntax** we can see who is speaking to the reader. Joseph, the boy, tends to use sort sentences, whereas Joseph, the author, uses longer sentences. The juxtaposition of short sentences sometimes also conveys events that occur in quick succession.

L'oralité de l'écriture de Joseph Joffo

A striking aspect about the novel is that we really hear the characters speaking through Joffo's writing style.

Le registre familier

Colloquial language is used throughout the book and this adds to the realism of the story. Indeed, if Joffo had not allowed his character to speak in this way, our impression of Maurice, Joseph and Raymond for example, would be very different. Note though that when the children speak to adults they use a more formal register.

Below are some examples of the colloquial language that is used in the book.

Langage familier	Équivalence
la bidoche	la viande
chialer	pleurer
con	stupide
se dégrouiller, se grouiller	se depêcher
s'engueuler	se disputer
foutre	faire
les godasses	les chaussures
le gosse, le gamin	l'enfant
louper	manquer, rater
le pif, le tarin	le nez
se planquer	se cacher
le pognon	l'argent
les tifs	les cheveux
le type	l'homme
les Youds, youpins	les juifs

syntax la syntaxe

Build critical skills

4 Lisez la fin du chapitre VIII et commentez l'emploi des phrases courtes.

Les erreurs grammaticales

grammatical error
l'erreur (f) grammaticale

colloquialism
l'expression (f) familière

colloquial language
le langage familier

It is not always easy to distinguish between between **grammatical errors** and **colloquialism**. Grammatical errors tend to become part of oral **colloquial language**. The most common grammatical error in the novel is the missing *ne* in negative expressions such as *je chiale pas* (*je **ne** chiale pas*) or *t'as pas faim* (*tu **n**'as pas faim*). In fact, the omission of *ne* is becoming more and more common in spoken French. By allowing his characters to speak in this way the author adds to the realism of the story.

L'élision et les formes élidées

elision l'élision (f)

As we all know in French certain vowels are omitted in front of other vowels, such as *le* and *la* becoming *l'* when the noun that follows starts with a vowel. However, the **elision** of the letter 'u' is not accepted. *Tu* must remain *tu* whatever follows. Yet in this book you will see numerous examples of *tu* becoming *t'*, e.g. *'"Bon Dieu," murmure-t-il, "t'as vachement du pot, ça fait chouette."'*

This removal of the *u* here denotes a colloquialism that would only be acceptable in spoken French. In written French, unless the tone of the writing is intentionally colloquial, *tu* is never shortened.

stylistic choice
le choix stylistique

All these **stylistic choices** add to the orality of the writing through the novel as we hear the people speak.

> **TASK**
> 6 Lisez la conversation entre les enfants à propos de l'étoile de Joseph. Relevez les expressions familières et l'oralité dans l'écriture.

Key quotation

« *T'es tout con toi, c'est la faute à Jo, si il y a la guerre ?* »
[Zérati, chapitre III]

> **Build critical skills**
>
> 5 Que pensez-vous de l'utilisation du langage familier dans ce roman ? Est-il efficace ou peut-il être une barrière à votre compréhension ? Dites pourquoi.

> **GRADE** *BOOSTER*
>
> Always use technical terms when you refer to the techniques and always identify the effects on the readers and the plot. When developing your arguments, consider whether the techniques are effective or not.

Les dialogues

The narrative is broken up by many dialogues, which make the story more real and immediate and add to the momentum. The dialogues also help to define the characters; when we hear them talk we can work out some of their personality traits. The language used in dialogues is different to the one used in the narrative because it is colloquial. As explained above, colloquialism is more acceptable in spoken language.

La langue allemande

Joseph Joffo uses German on numerous occasions in his book, e.g. 'Halt !' in chapter IV. We must remember that France was occupied by the Nazis at the time, and by using German the author recreates the atmosphere of life in occupied France.

Un répertoire de la guerre

Throughout the book we learn a great deal about the war as Joseph Joffo uses a wide range of terms. We read references to the SS, rationing tickets, the STO, curfew, free zones, Ausweiss, Kommandatur, Drancy, restrictions and propaganda, to name but a few. This repertoire makes the war real to us.

> **TASK**
> 7 Lisez le passage quand les enfants arrivent à Dax et identifiez ce qui montre que la France est sous la domination allemande.

Build critical skills

6 Cherchez un passage où il y a de longues descriptions et des dialogues. Quelle est votre réaction ?

▲ Joseph Joffo, l'auteur

1 Reliez les termes de techniques stylistiques aux définitions.

1	le langage familier	a	une histoire chronologique
2	la focalisation interne	b	quand une lettre est omise ou un mot
3	la structure linéaire	c	la façon dont la phrase est construite
4	la syntaxe	d	une façon de s'exprimer qui n'est pas formelle
5	l'élision	e	quand l'histoire avance rapidement en oubliant certains moments
6	les sauts dans le temps	f	le point de vue du personnage qui raconte l'histoire

2 Maintenant utilisez les termes techniques de l'activité 1 pour compléter les phrases ci-dessous

1 .... est utilisée dès le début du roman.

2 Dès les premiers dialogues entre Joseph et Maurice on s'aperçoit que Joseph Joffo utilise .... pour raconter cette histoire.

3 Afin de nous faire ressentir la rapidité de certains évènements Joseph Joffo modifie ....

4 La .... apporte du réalisme à l'histoire en suivant le périple de Joseph et son frère.

5 Pour faire avancer l'intrigue Joseph Joffo utilise parfois ....

6 Le langage familier est caractérisé par ....

3 Quelles sont les techniques utilisées dans les extraits suivants ? Regardez la page 73 pour une liste complète des techniques. Écrivez des phrases complètes en français en suivant l'exemple :

Exemple : les propos de M. Mancelier par rapport aux juifs

Quand M. Mancelier parle des juifs, on s'aperçoit que Joffo utilise un registre familier.

1 l'arrivée à Nice (début du chapitre VII)

2 les actions décrites par Joseph

3 les dialogues entre les enfants à l'école

4 le dialogue entre les enfants et le prêtre dans le train pour Dax

5 les premiers échanges entre Joseph et son frère au début du premier chapitre

6 les commentaires de Joseph, l'adulte

4 Regardez l'exemple ci-dessous et écrivez des phrases similaires. Il faut utiliser la structure *en + participe présent*.

Exemple : utiliser le langage familier, le langage des enfants

En utilisant *le langage familier, Joseph Joffo transcrit le langage des enfants.*

1 avoir recours à la focalisation interne, les points de vue de Joseph
2 employer des mots allemands, la réalisme de l'action
3 écrire au présent, rapprocher le lecteur de l'action
4 écrire avec des erreurs grammaticales, l'oralité de l'écriture
5 utiliser « deux je », le point de vue de Joffo adulte

5 Répondez aux questions suivantes en français. Utilisez les débuts de phrases qui vous sont donnés.

1 Pourquoi est-ce que Joseph Joffo a utilisé un registre assez familier ?
   Joseph Joffo a utilisé un registre familier pour ....
2 Pourquoi est-ce que les sauts dans le temps sont efficaces d'un point de vue narratif ?
   Les sauts dans le temps sont efficaces puisqu'ils ....
3 Quel est l'impact de la structure linéaire du livre ?
   La structure linéaire du livre renforce ....
4 Quel est l'impact de l'utilisation des dialogues dans le récit ?
   En ayant recours aux dialogues, Joseph Joffo ajoute ....
5 Jusqu'à quel point est-ce que le « je » fait référence à Joseph, l'enfant.
   En utilisant la première personne du singulier, on comprend ....
6 Qu'apporte le répertoire de guerre à ce roman ?
   En employant un répertoire de guerre, l'auteur ....

Techniques

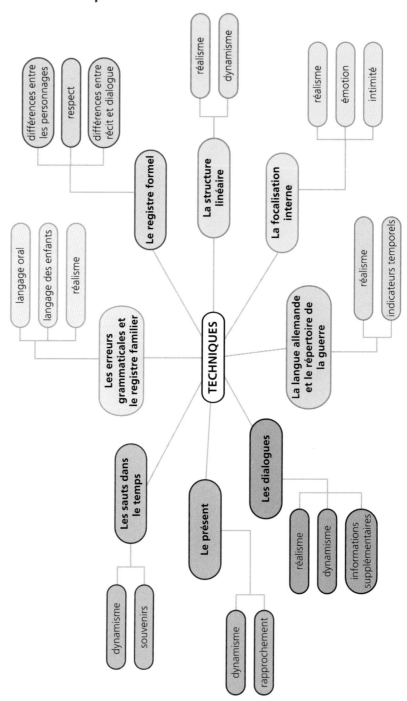

- **TECHNIQUES**
  - **Le registre formel**
    - différences entre les personnages
    - respect
    - différences entre récit et dialogue
  - **La structure linéaire**
    - réalisme
    - dynamisme
  - **La focalisation interne**
    - réalisme
    - émotion
    - intimité
  - **Les erreurs grammaticales et le registre familier**
    - langage oral
    - langage des enfants
    - réalisme
  - **La langue allemande et le répertoire de la guerre**
    - réalisme
    - indicateurs temporels
  - **Les sauts dans le temps**
    - dynamisme
    - souvenirs
  - **Le présent**
    - dynamisme
    - rapprochement
  - **Les dialogues**
    - réalisme
    - dynamisme
    - informations supplémentaires

Vocabulaire

anodin(e) insignificant

apparaitre to appear

avoir recours à to use

le champ lexical lexical field

le chapitre chapter

le choix de choice of/to

le dialogue dialogue

le dynamisme momentum

écrire to write

l'écriture (f) writing

l'élément (m) **clé** key element

l'élision (f) elision

l'emploi (m) use

employer to use

l'erreur (f) **grammaticale** grammatical error

la focalisation interne internal focalisation

l'indicateur (m) **temporel** time marker, indicator

l'omission (f) omission

la pensée thought

la première personne first person

raconter to recount, to tell

la référence chronologique chronological reference

le registre register

souligner to highlight

la structure linéaire linear structure

la syntaxe syntax

la technique stylistique stylistic technique

la trame story, plot

utiliser to use

7 Exam advice

Planifier votre dissertation

Planning is an important part of your examination time. As a rough guide, you should spend about 10 minutes planning your essay, 50 minutes writing it and 5 minutes checking it.

A well-planned essay makes points clearly and logically so that the examiner can follow your argument. It is important to take time to devise a plan before you start writing. This avoids a rambling account or retelling the story of the work you are writing about. The following points may help you to plan your essay well:

- Read the essay question carefully. Make sure you have understood what you are being asked to do rather than focusing on the general topic.
- From the outset it is sensible to plan your essay in the target language. This will prevent you from writing ideas that you are not able to express in the target language.
- Focus on the key words. For example, you may be asked to analyse, evaluate, explore, explain. Look for important key words such as *examinez, analysez, jusqu'à quel point, dans quelle mesure.*
- Select the main point you want to make in your essay and then break this down into sub-sections. Choose relevant information only. Avoid writing an all-inclusive account which occasionally touches on the essay title.
- Decide on the order of the main ideas which will become separate paragraphs. Note down linking words or phrases you can use between paragraphs to make your essay flow as a coherent and logical argument.
- Select one or two relevant and concise quotations which you can use to illustrate some of the points you make.
- Think about the word count for the essay. The examination boards stipulate the following word counts:

	AS	A-level
AQA	Approximately 250 words	Approximately 300 words
Edexcel	275–300 words	300–350 words
WJEC	Approximately 300 words	Approximately 400 words
Eduqas	Approximately 250 words	Approximately 300 words

Consider how many words to allocate to each section of your essay. Make sure that you give more words to main points rather than wasting valuable words on minor details.
- Finally consider how to introduce and conclude your essay, ensuring that you have answered the question set.

A well-planned essay will have an overall broad structure as follows:

- **Introduction**: You should identify the topic without rewriting the essay title. You should state your position on the issue.
- **Body of the essay**: In several paragraphs you should give evidence to support a number of main points.
- **Conclusion**: Here you should summarise your ideas and make a final evaluative judgement without introducing new ideas.

Écrire votre dissertation

Méthodes

Now you have to put flesh on the bones of the plan that you have drafted by writing a structured response to the essay question.

- Remember that you are writing for a person who is reading your essay: the content should interest your reader and you should communicate your meaning with clarity and coherence.
- It is important to be rigorous in sticking to your plan and not to get side-tracked into developing an argument or making a point that is not relevant to the specific essay question. Relevance is always a key criterion in the examination mark schemes for essays, so make sure that you keep your focus throughout on the exact terms of the question. Don't be tempted to write all that you know about the work; a 'scattergun approach' is unproductive and gives the impression that you do not understand the title and are hoping that some of your answer 'sticks'.
- It is important to think on your feet when writing an examination essay. If you produce a pre-learnt essay in an examination, in the hope that that will fit the title, you will earn little credit, since such essays tend not to match what is required by the title, and give the impression that you do not understand the question.
- If you are completing an AS examination, the question might require you, for example, to examine a character or explain the theme of the work. You will also have a list of bullet points to help you focus on the question. Make sure that you engage with these guidance points, but be aware that they do not in themselves give you a structure for the essay. At A-level you will normally have a statement requiring you to analyse or evaluate an aspect of the work.
- Since examination essays always have a suggested word limit, it is important to answer as concisely as you can. It should always be possible to write a meaningful essay within the allocated number of words.

La structure

1 L'introduction

The introduction gives you the opportunity to show your understanding of the work. It should be a single paragraph which responds concisely to the essay question. In a few sentences you should explain to your reader what you understand the question to mean, identify issues it raises and say how you are going to tackle them. Avoid statements in the target language that equate to 'I am now going to demonstrate…' or 'This essay is about…'.

2 Le développement

● This part will be divided into a number of interconnected paragraphs, each of which will pick up and develop the points raised in your introduction.
● Each paragraph should be introduced with a sentence stating what the paragraph is about.
● Make sure you follow a clear pathway through your paragraphs, leading to your conclusion. This requires skills of organisation, in order to ensure the smooth development of your argument. You should move from one facet of your argument to the next, linking them conceptually by, for example, contrast or comparison.
● Each paragraph will have an internal logic, whereby you examine a separate point, making your argument and supporting it with examples and quotations. For example, your essay title might lead you to examine the pros and cons of a statement, with the argument finely balanced. In this case you can dedicate one paragraph to discussing the pros in detail, another to the cons and a third to giving your decision on which view is the more persuasive and why.

3 La conclusion

Read through what you have written again and then write your conclusion. This should summarise your argument succinctly, referring back to the points you raised in your introduction. If you have planned your essay well, there should be no need to do anything other than show that you have achieved what you set out to do. Do not introduce new ideas or information.

La langue

● Linkage of the paragraphs is both conceptual, i.e. through the development of connected ideas in the body of the essay, and linguistic, i.e. through expressions which link paragraphs, sentences and clauses. These expressions are called connectives and they work in various ways, for example, through:
  ❑ contrast — *au contraire, de l'autre côté, cependant*
  ❑ explanation — *ceci explique, cela montre*
  ❑ cause/result — *pour cette raison, donc*
  ❑ additional information — *de plus, en outre, également, qui plus est*
  ❑ ordering points — *d'abord, en premier lieu, deuxièmement, puis, ensuite, finalement*
● When writing your essay, a degree of formality is necessary in your style. Be attentive to the register you use, especially the differences between written and spoken language. Avoid colloquial language and abbreviations unless you are quoting colloquial language from the work.

- It is important to learn key quotations from the work and to introduce them in order to support aspects of your argument. When quoting, however, be careful not to make the quotation a substitute for your argument. Quotations should illustrate your point aptly and not be overlong. Resist the temptation to include quotations that you have learned if they are not relevant to the essay question.
- In a foreign language examination, accurate language is always an assessment factor. Review your finished essay carefully for errors of grammar, punctuation and spelling. Especially check verb endings, tenses and moods, and adjective agreements. You should employ a good range of vocabulary and include terminology related to film or literature (e.g. *les thèmes*, *les personnages*, *la trame*, *le dénouement*, *les scènes*, *la séquence*).

For a list of useful connectives and film- and literature-related vocabulary, see pp. 80–81.

Petits exercices de composition

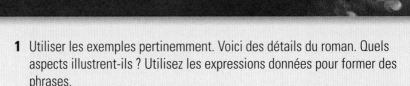

1 Utiliser les exemples pertinemment. Voici des détails du roman. Quels aspects illustrent-ils ? Utilisez les expressions données pour former des phrases.

Pour moi, le(s) meilleur(s) exemple(s) de… /Un exemple de…/L'exemple/Les exemples le(s) plus évident(s) de… est/sont sans aucun doute/bien sûr/pour moi/selon moi [quand] …

Exemple : Pour moi, un exemple de la persécution des juifs est sans aucun doute quand les parents de Joseph sont détenus dans un camp de transit.

❚ les parents de Joseph sont détenus dans un camp de transit
❚ les enfants insultent Joseph quand il porte son étoile
❚ Joseph demande à son père ce que « juif » veut dire
❚ Rosette ne veut pas que Joseph et Maurice restent chez elle
❚ le prêtre aide Joseph et son frère dans le train
❚ l'utilisation du langage familier comme « chiale » ou « foutre »

la peur	l'aide aux juifs
l'oralité de l'écriture de Joseph	la persécution des juifs
Joffo	l'innocence
l'antisémitisme	

2 Organiser ses idées. Reliez les bouts de phrase pour former des phrases complètes. Écrivez les phrases en entier.

1 Il faut aussi noter que l'écriture de Joseph Joffo…
2 Qui plus est, il faut prendre en compte l'importance…
3 Pour commencer, il faut noter qu'un des thèmes…
4 De plus, une autre facette du personnage de Maurice…
5 En outre, une des techniques stylistiques les plus efficaces…
6 Également, il ne faut pas oublier la représentation…

a est l'utilisation du présent.
b des personnages secondaires comme les prêtres.
c est très efficace.
d qu'il faut considérer est celui du frère protecteur.
e les plus importants est celui de la peur.
f des Justes de France.

GRADE *BOOSTER*

Organise your ideas in a logical fashion to make sure your essay flows.

3 Former un argument efficace. Utilisez les phrases de l'activité 2 et développez les idées en utilisant une des locutions ci-dessous.

puisque	comme	en effet

Exemple : Il faut aussi notre que l'écriture de Joseph Joffo est très efficace puisqu'/comme/parce qu'elle nous rapproche de l'action.

1 ...Joseph écrit comme les enfants parlent.
2 ...le roman peut être vu comme un hommage à ceux qui ont risqué leur vie pour aider les juifs.
3 ...cela renforce le thème de la famille.
4 ...les Allemands traquaient les juifs sans relâche.

GRADE *BOOSTER*

4 Former un argument efficace. Voici un exemple d'un paragraphe. Changez les détails entre parenthèses en fonction des thèmes donnés pour créer de nouveaux paragraphes.

Exemple : Un des thèmes importants est [l'enfance]. En effet, le livre comprend de nombreux passages dans lesquels nous découvrons [Joseph et Maurice en train de s'amuser], comme par exemple quand [ils jouent sur la plage de Menton].

1 la persécution des juifs
2 la peur
3 la guerre

5 Planifier avant d'écrire. Pour chaque idée ci-dessous, trouvez deux exemples concrets du livre. Puis, écrivez des paragraphes en vous servant du vocabulaire donné ou celui de la page 80.

Question : Examinez la représentation de la guerre dans *Un sac de billes*.

Idées	Deux exemples du roman	Analysis
Le roman traite de la persécution des juifs	la traque dans les gares l'arrestation de Joseph et Maurice	...l'armée allemande traquait les juifs sans relâche ...les juifs ne se sentaient pas en sécurité
Joseph Joffo aborde la vie quotidienne sous l'Occupation allemande		
L'auteur montre l'Occupation allemande en France		

Exemple : Le roman traite de la persécution des juifs, comme par exemple lors de l'arrestation de Joseph et Maurice, ce qui nous montre que l'armée allemande traquait les juifs sans relâche.

GRADE *BOOSTER*

When you plan your work, start with simple ideas and then expand on them. Make sure that you have a point supported by examples from the novel to develop your points.

Vocabulaire utile pour composer une dissertation

Introduction

Le livre/Le roman/Le récit parle de... The book/novel/story is about...

Au début du livre/roman... At the beginning of the book/novel...

J'ai ici l'intention de... In this essay I intend to...

Pour commencer/Tout d'abord/Premièrement... To start with/ First of all...

Mots utiles

la comédie comedy

le contexte historique historical background

le drame tragedy

écrire un livre/roman to write a book/novel

l'écrivain(e), l'auteur(e) writer, author

l'intrigue (f) plot

le (la) lecteur (-trice) reader

le lieu place (where something takes place)

le passage passage

le personnage (principal) (main) character

Le récit se passe à... The story takes place in the year/years...

la scène scene

le thème (principal) (main) theme

la tragicomédie tragicomedy

Opinions

Je suis de l'avis que/Je suis convaincu(e) que... I am of the opinion that...

Je suis convaincu(e) que... I'm convinved that...

Mon opinion sur ce sujet est que... My opinion on this is that...

À mon avis/Selon moi/Pour moi... In my opinion...

Exemples

Un exemple typique/important est... A typical/important example is...

Un autre exemple est... Another example is...

L'exemple le plus intéressant est peut-être... The most interesting example is perhaps...

Cet exemple/Cette séquence illustre/démontre que... This example/scene illustrates/shows that...

Cet exemple/Cette séquence montre clairement... This example/ scene makes it clear/shows clearly...

Comparaisons

au contraire/par contre on the contrary

D'un côté,...de l'autre (côté)... On the one hand,...on the other hand...

par opposition à in contrast to

si l'on compare (cela) avec in comparison (this) with

L'interprétation

Ceci peut/pourrait être interpreté comme... This could be interpreted as...

Pour prendre en compte... Taking into consideration...

Pour faire référence à... With reference to...

On peut/pourrait aussi mentionner... One can/could also mention...

De diverses manières... In many respects...

surtout especially, above all

Plus précisemment/De manière plus précise... More precisely...

De plus... Furthermore.../In addition...

La raison qui explique ceci est... The reason for this is...

Pour cette raison, on peut dire que... For this reason one can say that...

Pour résumer

sans aucun doute without doubt

Comme je vois les choses... As I see it...

Je suis personnellement convaincu(e) du fait que... I am convinced that...

Il est impossible de nier/douter, que... It cannot be denied/ doubted that...

dans l'ensemble... on the whole...

en général in general

en fait Basically

En conclusion/Pour finir, on peut dire que... Finally, it can be said that...

Pour conclure... In conclusion...

En résumé... Put briefly.../In a few words...

Il apparait donc que... It therefore appears that...

En résumé, on peut dire que... To sum up you can say that...

À la fin du roman... At the end of the novel...

J'ai l'impression que... I have the impression that...

Although a mark is awarded in the examination for use of language (AO3), all the example essays used here are grammatically accurate and the examiner comments focus on the students' ability to critically and analytically respond to the question (AO4).

AS essays
Question 1

Expliquez l'importance de l'épisode quand Joseph et Maurice sont chez leur sœur Rosette. Vous pouvez considérer les points suivants :
- l'attitude de Rosette
- Mme Vouillard, la vieille dame
- l'attitude de Joseph quand il s'en va

Étudiant A

<u>Un sac de billes</u> est un livre autobiographique de Joseph Joffo qui raconte son périple, à l'âge de 10 ans, à travers la France pendant la Seconde Guerre mondiale pour échapper à la persécution nazie. L'épisode chez sa sœur Rosette est important puisqu'il expose plusieurs idées.

Tout d'abord, quand les deux frères arrivent chez leur sœur, l'attitude de Rosette surprend un peu. En effet, bien que Rosette soit heureuse de voir ses frères, elle ne veut pas qu'ils restent chez elle. Mais, Rosette explique et on comprend alors sa réaction : elle leur dit qu'il y a un dénonciateur dans le village. Pendant la guerre, en effet, de nombreux collaborateurs dénonçaient les juifs aux Allemands et on se rend compte ici de la peur perpétuelle ressentie par les juifs.

En outre, le personnage de Mme Vouillard qui vient voir Rosette, a aussi de l'importance. Après avoir été informé de la présence d'un dénonciateur, Joseph pense que c'est elle, puisqu'elle est très curieuse. Alors, Joseph réagit mal et se méfie, comme son père le lui a dit. L'attitude de Joseph renforce la méfiance qui régnait pendant la guerre.

Finalement, cet épisode est très important quand on considère les derniers paragraphes, quand Joseph va partir. Dans un monologue déchirant, Joseph se rend compte qu'il a changé, qu'il n'est plus, malgré ses 12 ans, un enfant. Joseph a en effet « grandi, durci, changé ». Joseph accuse les Allemands de lui avoir volé son enfance et se rend compte de sa naïveté quand il dit que jusqu' à maintenant il avait « pensé échapper à cette guerre ».

En guise de conclusion je dirais que cet épisode est très important puisqu'il apporte des informations précieuses, non seulement sur la guerre mais aussi sur le personnage de Joseph. Le monologue est, pour moi, un des moments les plus poignants du roman. On se rend compte des conséquences atroces de la guerre sur Joseph.

(318 mots)

Commentaires du correcteur

- This student has covered the bullet points equally and has thought carefully about the structure of the essay with an introduction, three paragraphs and a conclusion.
- Each paragraph is self-contained, relating to one of the bullet points in the question, and is supported by pertinent and well-selected evidence from the novel.
- The evidence chosen shows that the student has a sound understanding of the novel and has been able to select good examples.
- The student explains each point well, providing an effective development for each bullet point.
- The paragraphs are linked together and this gives a good flow to the essay.
- Throughout the essay, the candidates makes perceptive comments.
- The introduction and the conclusion are relatively short, which enables the student to develop her argument in depth.
- The language is specific and the essay contains a range of grammatical structures and a good number of technical phrases.
- The student adds some personal comments, which show perceptive analysis.
- Student A would be likely to receive a mark in the top band for AO4 for this essay.

Étudiant B

Un sac de billes est un livre autobiographique de Joseph Joffo pendant la Seconde Guerre mondiale. Joseph est parti de Paris avec son frère Maurice pour aller en zone libre. Les deux enfants voulaient échapper à la persécution nazie puisque la France était sous l'Occupation allemande. On apprend beaucoup sur la guerre dans ce livre et l'épisode chez Rosette est important.

Joseph et Maurice quittent Nice et vont chez Rosette. Ils quittent Nice parce que leurs parents sont détenus à l'hôtel Excelsior. Rosette habite près de Montluçon avec son mari. Après un long voyage, ils arrivent dans le petit village. Rosette est très contente de voir Joseph et Maurice, mais elle ne veut pas qu'ils restent chez elle. Ils mangent, mais après elle prépare leur musette. Rosette est inquiète car il y a un dénonciateur dans le village. Les juifs devaient se cacher pour échapper aux Allemands, comme Mme Vouillard.

Quand Joseph et Maurice sont chez Rosette, une vieille dame vient chez Rosette on apprend que la vieille dame est juive aussi.

Quand Joseph s'en va il dit un monologue très triste :
« grandi, durci, changé ». Il comprend qu'il n'est plus un enfant et c'est très triste car il a 12 ans. Il dit aussi qu'ils ont tué l'enfant qu'il pouvait être. Je pense que c'est désolant.

Pour conclure, je pense que cet épisode a beaucoup d'importance car on apprend beaucoup sur la guerre comme les collabos et les dénonciateurs. On apprend aussi que Joseph a grandi. Les derniers paragraphes de cet épisode sont très poignants.

(257 mots)

Commentaires du correcteur

- We can see this student has not thought carefully about the whole essay, as it is not well balanced. The introduction is too long compared with the length of some of the other paragraphs.
- The student clearly knows the book well but some examples are not relevant. It is important to select what evidence to include carefully.
- Owing to a lack of planning the paragraphs are not addressed equally, with some lacking in depth.

- There are some glimpses of analysis in this essay, but it reads more like a description of the passage.
- The language is not used effectively to shape the essay.
- Overall, the candidate knows the novel and has learnt some facts and examples, but he should have used evidence from the novel to support his points and to draw conclusions.
- Student B would be likely to receive a mark in the middle band for AO4 for this essay.

Question 2

Examinez l'importance de certaines personnes que Joseph et Maurice rencontrent au cours du roman. Vous pouvez considérer les points suivants :
- le prêtre dans le train pour Dax
- le docteur à l'hôtel Excelsior
- Subinagui

Étudiant A

Un sac de billes est un livre autobiographique de Joseph Joffo qui raconte son périple avec son frère, à l'âge de 10 ans, à travers la France pendant la Seconde Guerre mondiale pour échapper à la persécution nazie. Pendant leurs aventures les enfants vont rencontrer de nombreuses personnes qui vont s'avérer très importantes.

Tout d'abord, pendant leur trajet en train de Paris à Dax, un prêtre les aide. En effet, lors du contrôle de papiers des soldats allemands, les enfants disent au prêtre qu'ils n'ont pas de papiers. Le prêtre dit alors aux Allemands que les enfants sont avec lui. Grâce au prêtre, Joseph et Maurice sont sauvés.

De plus, un autre personnage est très important pour les deux jeunes enfants : c'est le docteur à l'hôtel Excelsior. À la demande des Allemands qui veulent savoir si les enfants sont circoncis, le docteur les examine et confirme que les enfants ont eu une intervention chirurgicale. Les enfants sont encore une fois sauvés.

Finalement, Subinagui, le directeur de «Moisson Nouvelle», se montre très protecteur envers Joseph et Maurice. À plusieurs reprises, Subinagui aide les deux enfants : tout d'abord en les acceptant à «Moisson Nouvelle», puis en aidant Maurice à se procurer un certificat de communion, et finalement en étant présent quand Joseph et Maurice sont relâchés de l'Excelsior.

Pour conclure on peut donc dire que grâce aux personnes que les deux enfants rencontrent pendant leurs aventures, ils peuvent échapper aux Allemands. On peut alors dire que ce livre rend hommage à toutes ces personnes et surtout au clergé et aux Justes de France. Joseph souligne la bonté des hommes malgré l'atrocité de la guerre.

(274 mots)

Commentaires du correcteur

- This is a well-balanced essay with each bullet point being addressed equally.
- Each paragraph is self-contained, relating to the bullet points in the question and supported by pertinent and well-selected evidence from the book.
- The evidence chosen shows that the student has a good and detailed understanding of the novel.
- There is evidence of perceptive understanding throughout the essay.
- The student explains each point well, which provides an effective development for each bullet point.
- The paragraphs are linked together, which gives a good flow to the essay.
- The introduction and the conclusion are relatively short, which enables the student to develop his argument in depth.
- The language is specific and the essay contains a range of grammatical structures and a good number of technical phrases that help the student to shape his essay and his argument.
- Student A would be likely to receive a mark in the top band for AO4 for this essay.

Étudiant B

Un sac de billes est un livre autobiographique de Joseph Joffo. Il raconte son périple à travers la France pendant la Seconde Guerre mondiale pour échapper à la persécution nazie. Pendant son périple Joseph rencontre de nombreuses personnes.

Le prêtre dans le train pour Dax aide Joseph et Maurice. Quand le train arrive à la gare les soldats allemands montent dans le train et contrôlent les papiers. Malheureusement, ils arrêtent une grand-mère. Joseph et Maurice ont peur car ils *n'ont pas de papiers, alors ils parlent au prêtre. Quand les soldats allemands arrivent le prêtre dit aux Allemands que les enfants sont avec lui. Après, ils vont au restaurant.*

Quand Joseph et Maurice sont à l'hôtel Excelsior ils doivent prouver qu'ils ne sont pas juifs. Ils disent par exemple qu'ils ne sont pas circoncis. C'est une opération. Un docteur confirme que c'est une opération pour aider les enfants. Joseph et Maurice sont très contents.

Aussi, Subinagui est très gentil avec Joseph et Maurice. Il les aide plusieurs fois. Subinagui est un personnage très aimable. Subinagui est gentil avec les enfants au camp «Moisson Nouvelle» et il est là quand Joseph et Maurice quittent l'Excelsior.

Pour conclure je dirais que les enfants rencontrent beaucoup de personnes gentilles pendant leurs aventures pendant la guerre. C'est une aventure très triste. Il y a des personnes méchantes, des ennemis et des personnes gentilles. C'est la guerre mais beaucoup de personnes aident les deux enfants. Je pense que les personnes sont très importantes pour Joseph et Maurice. Elles sauvent Joseph et Maurice. C'est aussi important car les deux enfants ne sont pas avec leurs parents.

(269 mots)

Commentaires du correcteur

- This student shows a good knowledge of the book.
- The bullet points are addressed.
- The structure is clear with an introduction and a conclusion but the conclusion is too long and repetitive.
- The essay does now really flow as one essay. It is more like separate answers to the bullet points.
- There is some analysis in this essay and some conclusions are drawn but unfortunately the evidence is not always exploited well. It feels like a list of evidence.
- Coverage of bullet points 1 and 2 is too descriptive.
- The language is too simple and lacks complexity.
- Student B would be likely to receive a mark in the middle band for AO4 for this essay.

A-level essays
Question 1

Analysez le thème de l'espoir dans *Un sac de billes*.

Étudiant A

<u>Un sac de billes</u> est une autobiographie de Joseph Joffo qui raconte son enfance sous l'Occupation allemande pendant la Seconde Guerre mondiale. De nombreux thèmes sont abordés dans le roman et je vais parler du thème de l'espoir.

Tout d'abord, il ne faut pas oublier que cette histoire est racontée à travers le regard d'un garçon de 10 ans. Ce regard innocent et naïf atténue à certains moments la cruauté de la guerre et le lecteur parvient à oublier ce contexte de guerre. De nombreux épisodes, en effet, se concentrent sur des souvenirs heureux. Par exemple, après être arrivé à Menton, Joseph s'exclame « cette fois-ci liberté » ou quand il dit qu'il « avait tout oublié » chez les Viale. On voit très bien que les moments d'espoir rythment ce livre.

De plus, Papa Joffo est avant tout un homme très optimiste. Il ne doute à aucun moment qu'il retrouvera ses enfants, que la famille sera réunie et qu'ils survivront cette persécution. Tout au long du roman Papa Joffo transmet de l'espoir à ses enfants. Lors de leur départ c'est un « à bientôt les enfants » qu'il leur lance et un « ce n'est pas à un vieux singe que l'on apprend à faire les grimaces ».

En outre, grâce à l'hommage aux gens qui ont risqué leur vie pour sauver les juifs, Joffo lance un cri d'espoir. Malgré la cruauté exercée par certaines personnes pendant la guerre, il souligne la bonté de l'Homme, comme par exemple les membres du clergé, le docteur allemand et Subinagui.

Finalement, on peut constater que Joffo se concentre sur des souvenirs heureux de son enfance pendant la guerre et dans son épilogue il écrit que « ces choses-là ne se reproduiront plus, plus jamais ». Avec ce livre il veut communiquer son espoir qu'une chose pareille ne se reproduira plus jamais ; il espère que son fils ne subira pas ce qu'il a subi.

Pour conclure je dirais que ce qui frappe le plus dans ce livre c'est que bien que la réalité de guerre soit impitoyable, on peut tout de même s'apercevoir que le thème de l'espoir prédomine. Comme Joffo l'a dit, il n'a pas voulu raconter la guerre comme dans un livre d'histoire mais telle qu'il l'a vécue pour transmettre d'importants messages.

(382 mots)

Commentaires du correcteur

- This essay is well constructed with an introduction, a logical development and a conclusion.
- The points made are organised logically and the essay flows very well.
- The response is detailed and relevant throughout and all the evidence is appropriately selected.
- The candidate shows an excellent understanding of the work and is able to draw conclusions.
- The points made are varied and offer a multifaceted interpretation of the theme.
- Some of the points are highly perceptive and demonstrate a deep understanding of the novel and the themes.
- This candidate uses a range of technical phrases to enhance the essay and exploits technical terms confidently.
- Sentences are generally complex with the use of subordinate clauses.
- The language is rich and uses complex grammatical structures.
- Student A would be likely to receive a mark in the top band for AO4 for this essay.

Étudiant B

Un sac de billes est une autobiographie de Joseph Joffo pendant la Seconde Guerre mondiale. Joseph raconte son enfance et parle de ses souvenirs. Il a dû échapper à la persécution nazie parce qu'il est juif. Il y a beaucoup de thèmes comme la guerre, la peur, la persécution, l'amitié mais pour moi le thème de l'espoir est le plus important.

On voit le thème de l'espoir parce que Joseph est un enfant et il est naïf. Il ne comprend pas la situation, comme par exemple avec son étoile jaune. Il s'amuse aussi beaucoup pendant la guerre et ça c'est bien car il ne voit pas l'atrocité de la guerre.

UN SAC DE BILLES

> Le père de Joseph ne pense pas que les Allemands vont être plus forts que lui. Papa Joffo pense que tout va bien se passer et que sa famille sera réunie. Malheureusement, à la fin du roman, on comprend qu'il est mort car il n'est pas dans le salon de coiffure.
>
> Aussi, dans le livre il y a beaucoup de personnes qui sont gentilles et aident Joseph. Ça donne vraiment de l'espoir. Les gens risquent leur vie pour sauver les juifs, comme les prêtres, alors on espère que tout va bien se passer pour Joseph et Maurice. Mais il y a aussi des dénonciateurs et les Allemands.
>
> Joseph est aussi heureux et il y a beaucoup de passages qui décrivent des moments agréables. La France est en guerre mais les enfants s'amusent, alors on espère que Joseph est heureux malgré les atrocités de la guerre. On veut qu'il continue à être heureux.
>
> En conclusion, je dirais que le thème de l'espoir est très important dans ce livre. La guerre est atroce mais Joseph espère que tout va bien se passer. Il faut espérer pendant la guerre et moi j'ai espéré avec Joseph et sa famille.
>
> (305 mots)

Commentaires du correcteur

- The essay is well structured with an introduction, a body and a conclusion.
- The candidate shows good knowledge of the novel but should have used this knowledge to build a more critical and analytical response.
- The response tends to be overly descriptive and leaves the reader to draw his/her own conclusions.
- There is evidence of some analysis where the candidate has drawn conclusions.
- This student uses rather simple language compared to Student A.
- The third paragraph is not relevant to the question as it does not address the role of character; it simply describes it.
- Student B would be likely to receive a mark in the middle band for AO4 for this essay.

Question 2

Analysez en quoi *Un sac de billes* est avant tout un roman sur la Seconde Guerre mondiale.

Étudiant A

Nul ne pourrait nier que Un sac de billes est un roman sur la Seconde Guerre mondiale étant donné les thèmes importants qui sont abordés, comme le traitement des juifs et la France sous l'Occupation allemande.

Dès les premières pages du roman, Joseph Joffo plante le décor de la guerre. En effet, en revenant de l'école, Joseph et Maurice voient deux soldats allemands, ce qui montre bien que la France est sous l'Occupation allemande. Plus tard, ces deux SS parleront de la guerre dans le salon de coiffure.

De plus, un des aspects les plus marquants de cette guerre est celui du traitement des populations juives par les Allemands et c'est en effet le thème principal de ce roman. Joseph Joffo doit échapper à la persécution nazie. Tout au long du roman Joseph Joffo raconte ses aventures à travers la France, traqué par la Gestapo, comme les contrôles de papier, la délation et l'épisode à l'hôtel Excelsior. Dans son autobiographie, Joseph Joffo expose le sort des populations juives.

Il ne faut pas oublier tous les autres détails de ce roman qui illustrent la vie pendant la Seconde Guerre mondiale. Par exemple, on voit les enfants qui franchissent la zone libre grâce à des passeurs. On comprend aussi que la France subit des pénuries et le rationnement à cause du manque de nourriture. À l'école, Joseph et Maurice mangent des biscuits vitaminés. Joseph nous dresse vraiment un tableau réaliste du quotidien de la guerre mondiale.

Il faut aussi noter que chaque personnage représente un groupe d'individus de la guerre. Par exemple, la famille Joffo représente le peuple juif ; M. Mancelier, les collaborateurs ; le clergé, les Justes de France. Ce symbolisme est très efficace pour pouvoir traiter de tous les aspects de la guerre.

Cependant, selon moi, ce roman n'est pas seulement un roman sur la Seconde Guerre mondiale puisque certains aspects dépassent l'aspect historique. Par exemple, d'autres thèmes comme l'enfance et l'espoir sont aussi très importants dans l'histoire. Il n'est pas anodin que Joseph Joffo se concentre sur son enfance et toutes les personnes qui l'ont aidé plutôt que sur l'atrocité de cette guerre.

Pour conclure je dirais que Un sac de billes est sans aucun doute un roman qui parle de la Seconde Guerre mais en considérant d'autres interprétations, ce n'est pas, pour moi, qu'un roman de la Guerre mondiale. Le roman a bien plus de significations.

(396 mots)

Commentaires du correcteur

- This essay reads well and its structure is effective and logical.
- The essay has an introduction, five fairly equal paragraphs and a conclusion.
- The points made are all relevant to the title and are exposed in a logical fashion.
- Each paragraph focuses on one main idea and the candidate has used his knowledge of the book well to support his points.
- The candidate has selected relevant ideas and supports them with pertinent evidence.
- The final paragraph shows a perceptive understanding.
- Both the introduction and the conclusion are short, which enables the candidate to develop his ideas well.
- The language used is rich and the candidate uses it well to make the essay flow.
- Complex language is used throughout.
- Student A would be likely to receive a mark in the top band for AO4 for this essay.

Étudiant B

Un sac de billes se passe en France pendant la Seconde Guerre mondiale. En effet, l'histoire raconte l'enfance de Joseph Joffo pendant 3 ans alors qu'il voyage à travers la France. Il est essentiel de comprendre cette période de l'histoire pour mieux apprécier ce roman.

La Seconde Guerre mondiale a commencé en France en Septembre 1939 et a duré presque 6 ans, jusqu'à l'Armistice du 8 mai 1945. La France était divisée en deux camps, les collaborateurs et les Résistants. Les collaborateurs étaient avec les Allemands et les Résistants contre les Allemands. Dans le roman il y a l'armée allemande, des collaborateurs comme M. Mancelier et la famille Joffo qui est juive.

Pendant l'Occupation allemande il y a la pénurie et la répression. Il y a une économie de guerre et des restrictions. Les Français n'ont pas de beaucoup de choses et les Français ont le rationnement. Dans le roman, Joseph forge des tickets de rationnement. C'est un très bon exemple de la vie pendant la guerre.

Il faut mentionner la Solution Finale des juifs en Europe par les nazis. Des milliers de juifs sont déportés en masse dans les camps de concentration et exterminés par les nazis. À l'hôtel Excelsior, les Allemands envoient des juifs à Drancy, un camp de concentration. La description du couple à l'hôtel Excelsior est très triste.

Il y a aussi beaucoup de soldats allemands dans le roman et ça représente la guerre en France. Il y a des soldats à la gare, dans les rues et même des dénonciateurs. En effet, la France faisait la guerre avec les Allemands.

Pour finir je dirais que j'ai appris beaucoup de choses intéressantes. Pour moi je pense que ce roman est vraiment un livre sur la guerre mondiale.

(291 mots)

Commentaires du correcteur

- The essay has an introduction, a body and a conclusion, but the ideas are not effectively organised within the body.
- Each paragraph is relevant to the title and concentrates mainly on one idea, but there is too much historical background and not enough evidence from the novel.
- Overall, it is clear that the candidate has learnt a lot of facts about the war.
- The essay is more descriptive than analytical. Yet there are examples of some analysis when the candidate exploits the examples of the book.
- The language is sound but rather basic at times and there is some repetition.
- The conclusion is rather simplistic.
- Student B would be likely to receive a mark in the middle band for AO4 for this essay.

In order to be able to recall essential aspects of the book, it is advisable for you to focus on quotations. You do not necessarily need to learn them by heart, but it is important to recall and even paraphrase them when you write about the novel.

The following are the top 10 quotations from the novel *Un sac de billes*.

1

« Arrête de chialer…Quand tu regardes de l'autre côté, je sais que tu chiales. » **[Maurice]**

❧ Cette citation montre :

- la complicité entre les deux frères, avec Maurice qui connait bien son petit frère
- que Joseph est encore très « jeune » puisqu'il a tendance à pleurer
- l'efficacité de l'écriture de Joseph Joffo qui utilise un registre familier pour renforcer le langage des enfants

2

— T'es tout con toi, c'est la faute à Joseph si il y a la guerre ? **[Zérati]**
— Parfaitement, faut les virer, les youds. **[les enfants à l'école]**

❧ Ces citations montrent :

- la discrimination envers les juifs pendant la guerre avec l'utilisation du mot « youds » qui est très péjoratif
- la xénophobie envers les juifs avec « il faut virer »
- la propagande allemande qui inculpe les juifs
- la naïveté des enfants qui ne savent pas très bien ce qui se passe. En effet il semble ici que les enfants répètent des phrases qu'ils ont entendues chez eux ou ailleurs.
- l'efficacité de l'écriture de Joseph Joffo qui utilise un registre familier et une grammaire élidée pour renforcer le langage des enfants

3

Juif. Qu'est-ce que ça veut dire d'abord ? C'est quoi, un Juif ? **[Joseph]**

❧ Cette citation à propos de ce que pense Joseph souligne :

- la naïveté de Joseph qui ne sait pas ce que juif veut dire
- l'oralité de l'écriture de Joseph Joffo avec une syntaxe qui imite la façon de parler de Joseph et aussi avec l'emploi d'un langage assez familier avec « c'est quoi », qui est plutôt utilisé dans la langue parlée

Mon étoile. Pour un sac de billes. Ce fut ma première affaire.

4

⊿ Cette citation à propos de ce que pense Joseph met en évidence :

- – le sort des juifs qui devaient porter une étoile jaune pendant la guerre
- – la naïveté des autres enfants, comme Zérati, le garçon avec qui Joseph échange son étoile
- – que les thèmes de l'enfance et la guerre sont très liés dans ce roman
- – le caractère rusé de Joseph, qui dans le livre va faire bien plus d'affaires
- – l'intervention de Joseph Joffo, adulte, dans le récit quand il dit « ma première affaire ». Donc l'existence de deux narrateurs : Joseph l'enfant et Joseph l'adulte.
- – l'efficacité de l'écriture avec une syntaxe qui montre la rapidité de l'échange

« C'est la chasse qui est réouverte, alors il faut repartir et se cacher… » [**Papa Joffo**]

5

⊿ Cette citation montre :

- – le thème de la peur avec « se cacher »
- – l'atrocité de la réalité pour les juifs pendant la guerre avec le mot « chasse ». Les Allemands vont les poursuivre pour les attraper.
- – le traitement des juifs pendant la guerre puisque le mot chasse fait normalement référence aux animaux
- – que ce n'est pas la première fois que Papa Joffo connait cette situation ; il fait référence à sa propre enfance

Maurice comprit que Mgr Remond avait évité le départ pour Drancy à tous ceux qu'il avait pu.

6

⊿ Cette citation souligne que :

- – Joseph Joffo rend hommage à tous ceux qui ont aidé les juifs pendant la guerre – les Justes de France.
- – le clergé en France, secrètement, a empêché la déportation de nombreux juifs dans les camps de concentration

…gagner notre vie à notre âge était devenu un jeu suprême…

7

⊿ Cette citation à propos de ce que pense Joseph met en évidence :

- – malgré son jeune âge Joseph doit subvenir à ses besoins ; il a dû grandir
- – Joseph a appris à se débrouiller
- – Joffo est un enfant en faisant référence au jeu
- – malgré ses périples Joseph se concentre sur les aspects positifs

8 Ils ne m'ont pas pris ma vie, ils ont peut-être fait pire, ils me volent mon enfance, ils ont tué en moi l'enfant que je pouvais être… [Joseph]

◥ Cette citation à propos de ce que pense Joseph met en évidence :
  – l'atrocité de la guerre avec un champ lexical assez brutal
  – la perte de l'innocence
  – les effets irréparables de la guerre
  – la persécution des Allemands avec « ils »

9 Il est vrai que je n'ai rien à voir avec cette race maudite, comme chacun sait. [Joseph]

◥ Cette citation à propos de ce que pense Joseph met en évidence :
  – le traitement des juifs pendant la guerre qui étaient comparés à une « race maudite »
  – la persécution des juifs pendant la guerre
  – le mensonge forcé de Joseph qui a dû mentir pour cacher qu'il était juif quand il dit « comme chacun sait »
  – on peut aussi comprendre qu'ici ces propos font écho à ce que dit Joseph au début du livre quand il dit que, physiquement, il n'a rien à voir avec la description du juif (« j'étais blondinet moi, avec les yeux bleus »)

10 « Joseph Joffo, je suis juif » [Joseph]

◥ Cette citation souligne la fin de la guerre :
  – Joseph ne doit plus cacher son identité
  – il peut maintenant dire qu'il est juif
  – la traque est finie
  – Joseph n'a plus peur

Build critical skills

Analysez la citation suivante : « …tout d'un coup on me colle quelques centimètres de carrés de tissu et je deviens juif ». Que révèle-t-elle sur le personnage de Joseph ?

GRADE *BOOSTER*

Remember that a quotation can be used to illustrate different ideas.

GRADE *BOOSTER*

Quotations are not the only evidence you can use in your essay to support your ideas. You can refer to particular moments or chapters and you can also rephrase what you read.